C 湛庐文化
CheersPublishing

a mindstyle business
与 思 想 有 关

简　法

[美]　艾伦·西格尔（Alan Siegel）
　　　艾琳·埃茨科恩（Irene Etzkorn）　◎著

　　　孙莹莹◎译

Simple

Conquering the crisis of complexity

浙江人民出版社
ZHEJIANG PEOPLE'S PUBLISHING HOUSE

Simple
目 录

扫码下载"湛庐阅读"APP，
搜索"简法"，
听艾伦·西格尔聊为什么简化行动势在必行。

从简化文件到简化公司

　　我早年曾打算成立一家面向企业客户的设计公司，经营项目不只是企业标识设计或者颜色搭配之类的视觉表达，还想要融合企业的战略、目标和规划，反映出每个企业客户独一无二的风格。公司的启动资金是我从第一国家城市银行风险投资集团（Venture Capital Group of First National City Bank，花旗银行前身）贷的款，我也因此与花旗集团旗下一家零售银行的市场部打上了交道，他们请我帮忙重新设计客户业务表格，包括各种申请单、印鉴卡和贷款合同，目的是巩固其全球银行业领先者的形象。

　　这家银行的分期贷款合同令我深感震惊，也让我更加清晰地认识到，设计既非问题所在，也不是解决方案。那些充斥着大量法律辞令的合同似乎在冲着客户咆哮："别想读懂我！"但这种现象背后也隐藏着巨大的商机，银行把复杂的合同看作只是一点点"文字工作"，我却看到了更多。我告诉他们，不要把时间和金钱花在粉饰性的重新设计环节上，而是让我和他们的律师一起合作，重新书写合同内容，用简明的语言表达出复杂条款的含义，然后设计出一套新文件模版，重建银行的声誉，并且对外传达银行愿意与客户拓展关系，而不是拒人于千里之外。

我大学时期曾就读于法学院，上过一年合同法方面的课程，因此我相信，重新设计出一套更清晰也更实用的合同是可行的。虽然银行对重新设计合同缺乏兴趣，并打赌律师肯定在文件起草阶段就会否掉我的工作，但我还是从那家银行的市场部争取到了一笔有限的经费。我找来了奥地利裔哥伦比亚大学博士鲁道夫·弗雷奇（Rudolf Flesch），他是一名可读性研究专家，著有《可读性写作的艺术》（*The Art of Readable Writing*）一书。弗雷奇博士对于能够将自己倡导的理念运用到一家充斥法律合同的世界大银行十分激动。于是我们并肩合作，仔细分析了合同内容，列出了一套简明纲要。然后，弗雷奇博士使用更短的句子、更少的人称代词、更严密的逻辑结构以及人们更熟悉的语言重写了整份合同。接着，这套结构合理、表述清晰的草稿经过再次设计，最终成为一份读起来好懂、看起来也清爽的新合同。

不信的话，我们可以对比一下效果。下面是最初的违约条款：

> 借款人在本项或其他各项债务的还款中或在其中包含的任何条款或契约的执行和遵守上或在任何票据、合同、协议中体现或涉及任何债务或抵押物需要履行或遵守时发生违约行为；

或者署名借款人死亡；或者任何署名借款人破产或为债权人利
益之转让；或者按照《破产法》规定由借款人递交申请；或借
款人现在以及之后存在银行或实际由银行控制的任何现金、证
券或财物都将进入扣押财产程序或接受法庭判决处理；或银行
认为自身状况不安全，在这些情况下，银行将有权（自行选择）
不发布任何形式的要求或通知，直接宣布全部或部分债务立即
到期应付，此时该项债务到期应付立即生效，银行有权在《美
国统一商法典》（以下简称《法典》）或者其他法律的规定下，
以遭遇违约的债权人身份行使所有可用权利并采取补救措施。

下面是我们重写后的条款：

发生以下情况时我将违约：
1. 如果我没有准时还清一项分期贷款；
2. 如果其他贷款人试图通过法律程序获得我从你这里贷来
的钱。

就这么简单。我们学到了重要的一课：在重写合同前，先搞清楚内
容。就拿上面这个案例来说，我们发现导致违约的主要原因在于借款人
未能及时还款，因此重写后的合同里就着重强调了这一点。

最后结果算是皆大欢喜，花旗集团的那家银行的市场部拿到了一份
简短、好读、吸引读者的合同，这份合同还经受住了时间的检验，而我
则发现了一个新商机：简化。

历经几个月的频繁会议和修正后，我获得了一种全新视角。在目光所及之处，我发现复杂性给人们的生活造成了极大的负面影响。我意识到企业和政府能够从简化中获得巨大利益，而顾客和市民的消息也更加灵通。我们在起草银行贷款合同时所做的简化工作得到了媒体的关注，与此同时，简明英语运动开展了起来。很快，全美一些州通过了简明英语法案，实务法律协会（Practicing Law Institute）安排了一系列教育项目。1978 年 3 月 23 日，吉米·卡特总统签署了 12044 号行政命令，呼吁联邦政府制定容易被大众理解的法规。

与此同时，我们还加入了由美国国家教育研究院拨款扶持的联盟。卡内基梅隆大学也是该联盟的成员，该学校利用拨款发展相关学科的教育学位。艾琳·埃茨科恩是由此诞生的专业写作项目的首届文学硕士毕业生，她后来也随我一起追求简化事业。事实证明，这项事业是我一生的激情所在，而不只是一时的兴趣。我喜欢凭借自己的直觉，运用实验和试错方法来工作，而艾琳则受过专业的学院训练。她善于运用修辞学、语言学、认知心理学、专业技巧性写作和图表设计方面的知识，为我们带来至为关键的跨学科视角，让我们能够深化拓展简化主义理念，而不只是停留在对商业文件的修改上。艾琳涉足了几乎所有类型的媒体，包括纸质、网络、音频，涵盖了医疗、金融、制造、科技等行业，她还创造出一套方法论和技巧来定义简化主义。

渐渐地，简化主义理念从一种企业风格转变为商业上的必需品，而艾琳将结构性和准确性带入到一个新型的沟通领域。因此，从现在开始，本书将使用"我们"来表达两位作者的声音，这也充分表现了我们对于简化主义的不懈追求以及共同愿景，我们相信简化主义拥有让这个世界变得更美好的潜在力量。

20 世纪 70 年代那个颇具创意的贷款合同以及其后的媒体关注，曾带动了一股简化主义社会风潮，我们相信，现在又是一个关键时刻。如今，社交网络无处不在，而消费者对于企业和政府的信任危机在不断加重，对透明度的诉求也在不断增加，这使我们的社会处在一个转折点上。如果消费者察觉到一家公司利用复杂条款蒙骗了自己，他们会立即通过 Twitter、Facebook 等各种社交网络进行还击。

《简法》这本书反映出我们的共同理念，即简化主义对当今社会具有重要意义，这体现在商业社会、政府机构和我们的日常生活中。对于艾琳和我而言，这是一项充满激情的事业，一项我们一直全身心投入的事业。我们希望，读完这本书后，你能够像我们一样感受到简化主义的价值，并且拒绝接受那些可能干扰你制定明智决策、置你的健康于不顾、危及你和家人的安全并且令你陷入财政困境的复杂性。

艾伦·西格尔

Simple

Part 1

拯救"复杂性"的解药

Conquering the crisis of complexity

01

复杂性危机，我们为何把事情弄得一团糟

复杂性是一剂危害企业、政府和社会经济的毒药。

Simple

Conquering the crisis of complexity

The busier life gets, the more value there is in simplicity as a point of competitive differentiation.

生活越忙碌，简化作为一种竞争优势就越有价值。

——美国ING直营银行CEO阿尔卡季·库尔曼

1980 年的信用卡合同大约有一页半纸，如今是整整 31 页纸。这导致人们懒得细读任何条款，最后发现自己遭遇账户注销或者被高额利息缠身。

◎ 据美国联邦通信委员会 2011 年的估算，固定电话用户每年要支付超过 20 亿美元的额外费用，这在很大程度上是由于账单名目让人摸不着头脑，导致很多用户"根本没有意识到被收费"。[1] 用户当然搞不清楚"基本费用""区域费用""非基本费用"以及"其他费用"之间到底有什么区别，更别说此外还有 11 项单项税费，这些杂费加在一起，构成了一张普通固定电话账单费用的 50%。

◎ 美国房屋业主每年在业主保险上平均花费 868 美元，却不知道自己究竟购买了什么。美国保险监督官协会（NAIC）2007 年开展的一项调查显示，有 30%～50% 的投保人在自己所投险

种的覆盖范围和理赔金额上受到误导。该调查涵盖 673 名电话
受访者，误差幅度 3.8%，可信度达 95%。

◎ 2002 年，美国 1 岁幼儿马奎斯·邓森（Marquis Dunson）出
现感冒症状，服用了 3 天泰诺儿童感冒药后死亡。[2] 在其后涉及
赔偿金额高达 500 万美元的法律诉讼中，作为原告方的父母称，
泰诺儿童感冒药的警示和说明书中并没有清晰注明"过量摄入
泰诺主要成分乙酰氨基酚会导致人体的肝功能衰竭"。据美国食
品和药品管理局估算，美国平均每年约有 458 人因过量摄入乙
酰氨基酚死亡。

◎ 美国《南部医学杂志》（*Southern Medical Journal*）开展的一项研
究估算，一名皮肤科医生每年要在约 29 376 份表格上签字。[3]
谁能做到一年将同样的事情重复 30 000 次，仍然保持专注和
准确？

◎ 美利坚合众国已经成立 200 多年了，建国和治国的基石是 6 页
长的《美国独立宣言》，它的篇幅是如今长达 14 000 多页的个
税代码的 0.1%。

以上案例有什么共同点？这些案例表明复杂性正在侵吞我们的财
产，腐蚀政府和企业，并将我们的健康甚至生命置于险境。如今，复
杂性危机已经成为一项普遍的公共议题。民间最早的一批呼声发起于
报纸专栏、社交网络和个人博客，他们开始质疑传统观念，并提出了
新观点：向民众公开信息并不等于让他们充分知情。仅仅告知消费者
他们被商家利用了，并不能解决实质上的不公平。更重要的是，我们

作为民众、患者、商人、消费者、投资者、债务人、学生……该如何应对这一状况？

我们一直纵容复杂性肆虐蔓延，默许各种企业、组织、政府和机构扰乱我们良好的判断力，并且侵害我们的基本权利。当面临解释不清的额外费用时，我们选择勉为其难地支付；当面对电器上一堆复杂难懂的神秘功能时，我们选择视而不见；当拨打客服电话时，自动语音服务让我们陷入一层又一层的电话树中（选择 ×× 服务请按 1，选择 ×× 服务请再按 2）；当我们向保险公司申请索赔时，又陷入一个又一个套圈中……

这一切最终指向一个问题：我们为什么要容忍生活中的复杂性？很多人说，因为别无选择。有时候，我们甚至因为自己的不堪重负和困惑无措而陷于自责——"我完全搞不懂这个，肯定是因为我太笨了"。因此，我们经常勉为其难地支付数十美元的银行卡透支费，并对此深感不公甚至一肚子火气。这还不算致命打击，我们目前忍受零星雪片般的烦琐文书，却还没有意识到，在不久的将来，复杂性问题会像冰川期一样大肆蔓延。我们一路步履艰难，唯愿自己没有被过分误导或者被骗得太惨。

然而，一切本不该如此。

在我们能力所及的范围内，针对复杂性难题，有一剂威力强大的

Simple

简单的东西总是最具吸引力。
——英国艺术家大卫·霍克尼

解药或者说是可操作方案，用一个词来概括就是：简化主义。

什么是简化主义

再也没有比简化主义更简单的东西了，但这是一个包含多重内涵的概念。有一种观点认为，简化主义的内涵在于清晰，表意明确，能够迅速传达目的或用意。另一种更宏观的观点认为简化主义反映的是事物本质，将事物化繁为简、去粗取精，让受众充分理解。还有一种观点认为，简化主义的重点不在于选择有多少，而在于你能接受多少，这也体现了受众的信心、信任和满意度。总之，在我们看来，"简化主义"没有同义词，方便、明晰、实用、及时、美观等词语都不足以定义它。"简化主义"是以上所有词语的总和，因而十分稀有。当你到达一种境界，能够同时获得透明度（揭露复杂事物的本质）、清晰度（简单明了地表达意思）和实用性（使得物尽其用）时，就最大限度地接近了简化主义理念。

把事情变简单，要求人们对清晰、诚实、自律和智慧要有不懈的追求。历史上一些伟人曾对此深有体会。

Simple ————————

至繁归于至简。

——达·芬奇

史蒂夫·乔布斯是实践简化主义理念的大师之一。当其他公司不断增添各种花哨功能把产品越做越复杂时，苹果公司却通过对产品精简和优化来充分满足用户需求——用一个按键取代三个按键，用简单易懂的图标代替专业术语。苹果公司前任总裁约翰·斯卡利（John Sculley）认为，乔布斯是一位"坚持把一切化为最简"的极简主义者。同时，斯卡利还做了一个谨慎的区分："不是过分简单化，而是精简"。[4]"精简"和"过分简单化"是截然不同的两个概念，两者的区别在于，是仅仅保留必要和有意义的部分，还是不分主次一刀切。必须要弄清楚这一点，再毫不留情地删减冗杂累赘的东西，才能把重点和注意力放在不容忽视的关键部分。

多年来，我们把简化主义视作一种人生哲学、行事准则和生活方式。而且，基于亲身经验，我们坚信：简化主义理念在企业、政府事务和个人生活中都行之有效。如今，人们比过去任何时候都更需要简化主义。

S简法实践
imple

◎ 苹果手机应用商店中有超过 425 000 个应用程序。

◎ 连锁餐厅芝士蛋糕工厂（Cheesecake Factory）的菜单上有 241 种菜品，其中还不包括为午餐和早午餐推出的特色菜品。

◎ 化妆品零售品牌丝芙兰网站上有 223 种睫毛膏、454 种乳液和 367 种香氛。

◎ 美国医疗保险和医疗补助服务中心拥有 14 568 个诊断代码。

◎ 信用卡合同平均长达 111 页。

复杂性危机已经到达紧要关头，我们不得不做出决定：要么让渡自己的权利，放弃了解和掌控那些给我们的生活造成影响的东西；要么努力奋争一种更好、更简单的方式，从而厘清自己的日常生活和商业交易。本书的目的就在于阐释简化主义理念的广泛应用，包括它是如何运作的，并且为何令我们受惠。同时，我们还希望本书传递的理念能够燃起整个社会减少复杂性的热情。

如果你厌倦了那些每天令你头昏脑涨的烦琐条文，如果你想跟顾客建立密切关系，而不是通过复杂的产品、规定和沟通方式把他们吓走，那么你就是这次简化行动最适合的人。

如果你是一名沉迷于繁文缛节的政府公务员，或者是一名热衷于晦涩法律术语的律师，那么你可以将本书中的观点当作一次预警。本书的目的就是阐明你到底在做什么，并且揭示你这么做的原因，从而让你接下来不再一意孤行。

在为花旗集团旗下的零售银行简化贷款合同大获成功后，我们把简化当作一种新型商业服务开展了起来。很快，来自各行各业的客户纷纷上门，其中甚至包括美国联邦政府。我们受联邦政府委托，帮助美国人口普查局简化表格文件，还为美国国税局设计了简明的单页报税表格"1040EZ"。渐渐地，我们获得了"简化专家"的美名，《人物》杂志甚至授予艾伦·西格尔"简明英语先生"称号。[5]

艾伦与卡内基梅隆大学合作建立了沟通设计中心（Communications Design Center），把沟通理论、认知研究和企业事务结合在一起，让学生们意识到一种新型职业就此诞生。

我们还设计并改进了一套"简化蓝图"（Simplification Blueprint）方法论，并建立了一个"简化实验室"来测试概念和沟通过程是否清晰易懂。"简化蓝图"是一套关于如何沟通以及何时沟通的策略，主要着眼于沟通的速度、媒介、语气、格式等方面，还包括针对不同沟通类型进行个性化定制。简化实验室是一个在线工具，我们可以借此评估人们对简化主义的看法，从而确立真实的理解力基准。过去30年，我们一直奋斗在一线，目睹了各大企业、政府机构和普通人如何与复杂性做斗争。

我们由此收获了一批宝贵的经验。

我们不断强调：简化主义关乎清晰、方便和实用，从中受益的不只是那些受教育水平有限的群体，而是每一个人。这有力地驳斥了那种认为"简化"就是把一切变得"傻瓜化"的观点。

通常，政府希望创建标准化公文模版或者使用加粗字体来强调内容，认为这样会便于民众理解。但

Simple

我不会增添无用的东西把简单的东西复杂化，我宁愿让生活简单化。

——美国诗人奥利弗·温德尔·霍姆斯

在各行各业都倾向于规避风险的社会里，上述行为的重点在于让民众遵守法律规章，而不是真正提供便于理解的沟通方式，因而并未达到原本的目的。

我们意识到了重新回到"空白状态"的重要性。突破性简化的关键在于质疑其所表达的内容，并确保其能够真切反映现实。因此，我们要删掉那些无法履行的条款，质疑那些过时的商业惯例，并且挑战自己的惰性。

我们发现，简化主义适用于各种沟通媒介，不管是印刷品、电子文档、口头表达还是视觉传达；针对的事物也包罗万象，不管是合同、指导手册、触摸屏，还是语音服务中的电话树。毕竟，不论是银行自助取款机上的提示语，还是处方笺上的措辞，或者是全球导航装置上的图表，都是一种沟通方式。各种类型的产品，比如器械、汽车、药品、食物，以及酒店、医院或者电商提供的任何服务，都将通过简化获益。

我们还发现，对于最早一批行动者来说，简化理念能够带来巨大的商业利益，这主要通过降低成本、提高客户忠诚度、提升员工工作效率以及其他竞争性优势来实现。

我们并没有把复杂性看作是一种"必要的恶"，而是把它看作一个"必须被逮捕的小偷"。这个小偷偷走了我们的时间、耐心、理解力、金钱和乐观精神。我们一直在苦苦探索为何事情会变得如此复杂，问题到底出在哪里，怎样才能在这个罪魁祸首做出更多坏事之前把它逮住。

我们把简化主义看作是黄金法则的精髓。每个人都想知道自己能够得到什么，别人对自己有何期待，而简化主义能帮我们弄清楚这些。简化主义缩短了人与人之间的距离，目的在于把人性注入你所做的一切事情中，包括与他人的交流、产品设计以及提供服务。我们力图消除事物的复杂性，从而使得一件物品、一次行动、一种姿态或者一封信件的接受者能够清晰领会其中用意。简化主义也可以被视作一种结构之美，它通过紧凑的结构传递丰富的信息，其优美程度可媲美生物学分类。如果说所有的生物都可以被划分为界、门、纲、目、科、属、种7类，那为什么我们不能相应地简化一切事物呢？

放眼不少企业，你会发现，那些成功简化自己的产品、服务和沟通方式的企业，能够改善与客户之间的关系，生产效率往往也更高。因为如果能让客户体验更加轻松和明晰，那么在售后上花费的时间就会少很多。采取"少即是多"策略的企业也往往更加高效，因为精简操作能够削减成本，使得企业将重心放在业务本身及其目标上。而这对于客户来说，也一定是一种更好的全面体验。

Simple

万事应该力求简单，但不能过于简单。

——阿尔伯特·爱因斯坦

简化主义在商业领域至关重要，但它又不仅仅只是一种商业策略。简化主义关乎日常生活的方方面面，不管是在与政府官僚作风苦苦抗争的过程中，还是在被复杂的医疗术语、搞不懂的账单、模糊的合同条款、功能过多的产品弄得一头雾水的时候。这些问题带来的困扰，从我们出生之日起就和我们如影随形，并且贯穿我们的一生，它导致大学生们陷入助学贷款的合同条款中，老年人无法安享自己的医保福利。但事实上，没有任何东西是无法被简化的。

为什么复杂性会占得上风呢?

答案一言难尽。有太多的社会力量、错误观念、不良心态和动机，要么导致复杂性一再沉积，要么主动压制了简化主义。这些问题不断蔓延，充斥在企业、政府和个人生活中——因为在一个领域引发复杂性的势力，也会在其他领域造成同样的后果。

正所谓要想解决问题，首先要知道问题出在什么地方，因此我们列出了一些导致复杂性危机的关键要素。

导致复杂性危机的关键要素

要实现简化主义，就要组织、精简、明晰和理解我们生活的世界。人类有好逸恶劳的天性，因此当然不想历经重重烦琐流程去把产品设计得尽可能简单。

这种总想省事的天然冲动，在企业和消费者身上都有体现。同时，不少工程师都沉醉在自己的创造力中不能自拔，他们不断为产品增添新功能，只是为了显示自己的超群能力，并非考虑到消费者对该项功能的切实需求。

说实话，比起对抗复杂性，忽视和容忍复杂性要容易得多。渐渐地，我们选择的那条轻松的道路被复杂性蔓延、包围，变得越来越难走，最终被复杂性彻底覆盖而完全消失。

习得性无助

人类的认知多数是从后天经验中习得的。如果我们持续遭遇某种限制，大脑就会把这些限制当作永久性制约，哪怕这些限制被解除后也会如此。正如一个人在遭遇多次理解障碍后就开始认定，自己弄不懂任何法律条文，既然如此，那何必再逞强呢？这就是心理学上所说的"习得性无助"。就像把一只蜜蜂困在罐子里足够长的时间后，它就不再试图飞出去了，哪怕打开瓶口也无济于事。

从某种程度上讲，我们也会对复杂性产生依赖，甚至把复杂性视作权威。《纽约时报》记者戴维·希格尔（David Segal）发现，当我们遇到"难以理解的观念或事物"时，极有可能臆断这些复杂东西是"非凡头脑"的产物。[6] 千万不要上当。真正非凡的头脑一定能够清晰准确地表达自己的观点，让所有人都能轻易理解。而复杂则是一种失败的表达，除非是传达者有意为之——在这种情况下，你就更要当心了。

复杂性成为赚钱手段

有的商家会故意把事情弄复杂。一个令人讨厌的事实是，银行、信用卡机构、保险公司以及其他各种企业，总是试图利用那些让人读不懂也搞不清的烦琐法律条文占客户的便宜。他们会利用客户的理解障碍，悄悄把一些容易忽视的对客户不利的条款和规定塞到合同里面去。

这种把复杂性当作遮掩物的手段，不仅损害了消费者的个人权益，而且令整个社会产生重大分歧。贷款和抵押合同中的隐蔽条款可能会导致客户违约，最终给整个国民经济带来严重损失。复杂性向来都是一种得心应手的工具，尤其是对于骗子和金融投机客来说更是如此。引用英国著名历史学家和作家保罗·约翰逊（Paul Johnson）的一句话来说就是，复杂性的遮蔽效果，使得企业和个人得以"隐瞒错误决策，严重渎职并且铤而走险"。[7]

复杂性成为防护罩

为了避免法律诉讼或其他潜在麻烦，律师们不惜拿出一系列令人头昏脑涨的免责声明、信息披露、条款、说明、修正案、对修正案的修正砸向客户。一种默认思维模式是，出于安全起见，律师必须列出各种可能发生的状况，不管这些状况与现实多么风马牛不相及。保险行业消费者权益倡导者及法律专家丹尼尔·施瓦兹（Daniel Schwarcz）形容合同措辞是"保守主义文化的典型体现，思想僵化，墨守成规"。谈到向保险公司争取透明度的抗争时，施瓦兹指出："你可能听到很多人声称，'如果不这么做只会引发诉讼，将会有更多的集体诉讼或者滥诉现象发生'，但他们从来不仔细思考，究竟是什么导致了诉讼官司的发生。"[8]

复杂性会不断蔓延

"复杂性会在你周围不断蔓延。"美国犹他大学人类学家约瑟夫·泰恩特（Joseph Tainter）表示。他在《复杂社会的崩溃》（*The Collapse of Complex Societies*）一书中表示：复杂性可能是导致人类历史上最发达文明毁灭的原因。[9]复杂性不断积聚的主要原因在于，似乎没人愿意不顾麻烦地去清理系统并且重新启动。正如有时候，企业和政府发现，对于一些无关紧要或来源不明的法律和政策，彻底颠覆一切然后重来太过棘手，在现有基础上不断修修补补显然更加容易。

以美国税收代码为例，过去 10 年来，其篇幅从 14 万字增加到了38 万字，将近是以往的 3 倍。据美国纳税人权益倡导者兼国税局监察专员妮娜·奥尔森（Nina E. Olson）估计，美国人一共要花费 61 亿小时填写纳税申报单，相当于 300 万名劳动者的全职工作时间。[10]此外，复杂性还无意中造成了缴税不足和欺诈鼓励现象，各种税款注销、漏洞和扣除额造成的损失超过 1 万亿美元。美国国税局 4822 号文件《纳税人申报属性报告》显示，出于困惑太多和难以理解，几乎 60% 的纳税人雇用专人帮忙填写纳税申报单，32% 的纳税人使用纳税申报软件。更有甚者，美国国税局专员道格拉斯·舒尔曼（Douglas Shulman）在美国有线电视台 C-SPAN 的《新闻人物》（*Newsmaker*）节目上承认，如今他连自己的纳税申报单也填不好了，因为"实在是太复杂了"。[11]

过度解释

从陪审团守则到各种指导手册，我们目睹了过度解释现象无处不在。这似乎基于一种误解：为人们提供的信息越多，就越能够被理解。然而事实恰恰相反，过量信息会令人们无所适从。大量的信息会导致模糊而非清晰的判断。当人们被信息淹没时，更容易丧失判断力，难以分清主次，也无法集中注意力。

关于这个现象，一个典型例证就是美国联邦最高法院判决书。事实表明，判决书写得越长，人们越理解不了。1954 年，历史上著名的"布朗起诉教育委员会案"（Brown v. Board of Education）的判决书不到 4 000 字；2007 年，最高法院重新审视该案，最终发布了长达 47 000 字的判决解释。有人对这些长篇累牍的判决书颇有微词，一些司法专家表示，最终判决书由于太过"含混不清"和"庞杂冗长"，导致下级法院无法领会其指导方针。[12]

律师的法则

我们最初为花旗银行提供合同简化服务时，就对"律师的法则"有所认识。诚然，我们最终如愿完成了合同简化的任务，银行也表示非常满意。但这个项目取得圆满成功的关键在于，有两名重要律师对简化主义理念给予了支持。

在此过程中，我们了解到导致复杂性的主要原因是法律体系。律师们常常坚持这样一个观点：任何试图简化语言的行为都伴随着违规的风险。但事实上，有很多简明语言写就的法律文件都能够得以妥善执行。

这个问题影响的不仅仅是银行业，还包括所有大型企业和政府机构，其根源在于律师们有一种职业冲动，喜欢使用复杂词语和行业术语，历数所有可能出现的状况。律师们最爱挑起集体诉讼，其他一切都退居其次。他们坚持认为，使用法律术语是唯一安全的交流方式，但是他们这么做的同时也毁掉了沟通本身。

下面这段内容摘自一份医疗保险合同，不管读者是专业律师还是普通人，都很难理解它。一句话里出现了两次"没有"和两次"包含"，令读者大伤脑筋，人们很难把这种表达方式看作是沟通。

e. 物理疗法

f. 透热疗法

g. 超声波疗法

以上没有包含的项目的费用没有包含且不限于以下项目：

a. 任何器械及器械的调节

b. 任何电子仪器诊疗手段

c. 咬合分析

d. 肌肉测试

每位患者在医保受益期所做的所有手术治疗和非手术治疗的联合最高支付限额为 1 000 美元。

如果你询问商家，为何在这些重要的沟通层面上屈服于法律辞令，他们会告诉你，如果不这么做可能会损失一大笔钱。但我们想说的是：如果企业不愿意简化与消费者之间的沟通，也会损失一大笔钱。

在一次调查中，超过 80% 的受访者表示，银行应当简化信用卡和贷款合同条款。[13] 对于企业来说，简化带来的好处是能够吸引客户，赢得更多回头客。对于客户来说，他会更加信任这家企业，因为其提供的产品或服务一目了然。同样，企业员工在推销自己充分理解的产品和服务时，也会更加自信自如。

行业术语的滥用

为了方便与人沟通，你要使用对方的语言。而专业术语的使用则意味着，企业和政府决定在沟通过程中使用自己理解而受众无法理解的语言。

这种行为不一定是故意为之，一些组织习惯在内部交流时使用内行人才懂的简写词汇，这倒也没什么坏处。问题在于在对外沟通中也出现了业内术语，这种现象不可避免地出现，而且越来越普遍。当这种情况发生时，企业实际上是在公共场合自说自话。

哪怕有些看起来很简单直接的词语，如"房地产"，也会给受众带来困惑。到底什么是"房地产经纪人"？这个词和"中介"以及"代理人"有什么区别？"认证买方代表"又是什么？

显然，在房地产行业至少有 8 种类型的从业人员：CBR（认证买方代表）、C-CREC（经消费者认证的房地产顾问）、CEBA（认证独家买方代表）、CRP（认证专业搬迁）、CBA（商业经纪人联盟）、CRS（注册住宅专家）、ABR（注册买方代表）、GRI（房地产经纪研究员）。而对大多数人来说，这就是一堆字母而已。

不少业内人士把讲专业术语当作是一种能力，他们以能够"夸夸其谈"为荣。例如，在华尔街，你会经常听到人们谈论国税局税收代码：401（k）s、403（b）s、529s，等等。同样，保险公司里的对话充斥着"综合保障""保护伞政策""背书""附文""免赔额"等术语。但是，业内行话对于外行人来说可能非常困扰。从保险公司的角度来看，"免赔额"这个词指的是保险公司向投保人支付的赔款中扣除掉的部分，但是投保人眼中的"免赔额"则是在保险公司赔付之前自己付款的那部分。这个差别非常惊人，对不对？行业术语的滥用是缺乏换位思考能力的一种典型体现——你没有去考虑自己的信息针对的是什么样的受众。

最终结果是，重要的信息往往会"在翻译过程中流失"，这使得人们很难去跨越界限进行沟通和合作。在美国"9·11"恐怖袭击事件中，警界暗语成了一种障碍，救援人员因为各自的代码不同而无法沟通。幸运的是，如今美国很多城市放弃了以往的"10数字代码"，转而支持使用简明语言的无线电通信方式。

医疗上的交流存在的问题更多，因为当沟通背景发生变化时，即使是大家都熟悉的词语也会令人困惑。我们当中有多少人在听到"一度烧伤"和"三度烧伤"时，需要停下来想想哪个更严重？著名演员艾伦·艾尔达（Alan Alda）是一个科学迷，他曾挑战科学界，要求科学家们用能够让人真正理解的方式去解释问题，而不是使用一种深奥的话题代替另外一种。他说自己儿时曾提出一个问题："火焰是什么？"当时一位老师给出的答案是"一种氧化反应"，这很难令人满意，因为这种解释只不过是词语的替换，并没有解释清楚任何事情。[14] 而专业人士的任务是，要为听众着想，并随时调整自己所表达的信息、词语以及详细程度。

复杂性由各种力量和状况共同导致，看起来似乎无法逆转，仿佛一旦事情变得过分复杂，就再也回不到最初的简单状态了。但是我们却有反例可以证明，事实并非如此。本书中列举的公司一度都曾受到复杂性的困扰，但如今都变得简单明了。复杂的产品被更加成功也更加简单的产品取代，烦琐的文书被通俗易懂的沟通取代。复杂性可以从上游解除，从而避开末端用户的视线。就像转动钥匙打开汽车点火装置，虽是一件简单任务，但隐藏在背后的却是一系列复杂过程。对于消费者而言，真正的沟通就该如此。

如果人们真心需要并且想要追求简化主义，再复杂的状况也可以简化。金融业一直被复杂性充斥，以至于我们都相信，如果没有大量的细则、术语和文书材料，几乎无法处理任何复杂的金融事务和交易。尽管如此，在金融危机到达最严重时，美国政府启动了一项"问题资产救助计划"（Troubled Asset Relief Program），这项计划堪称"简化模范"：只有2页纸4个要点！这份文件后来被美国财政部采用，用于向全美最大的几家银行拨款将近500亿美元。

本书的核心观点是，只要下决心去追求简化主义，就一定能找到方法。当然前提是必须先有决心，这意味着你必须相信：追求简化主义是基于自身利益。要实现这个目标的一个有效办法是，展现简化主义的力量，把简化主义看作是潜力无限的创新源头。突破性简化可以帮助企业、政府以及任何组织或者个人获得更好的效果，有时候甚至会突破原有纪录，实现更高水平。

02

突破性简化，一种全新的思考方式

银行、航空公司以及政府
如何使用简法完成服务创新？

Simple

Conquering the crisis of complexity

Making the simple
complicated is
commonplace;
making the complicated
simple… that's creativity.

化简为繁是平庸，化繁为简才是创新。

——美国音乐家查尔斯·明格斯

在纽约布鲁克林区一间改造过的仓库式办公室里，蓄着红色大胡子、操一口澳洲口音，看起来像个狂热科学家的年轻人乔什·赖希（Josh Reich），正试图颠覆整个传统银行业[1]。

赖希做出此举的原因不难理解，银行业管理僵化、缺乏人情味、服务态度恶劣，早就臭名昭著了。它们收取各种令人恼火的杂费，制定各种迷惑性细则，导致人们的账户遭遇透支和惩罚性罚款，把人们的生活搞得复杂无比。而且正如赖希所言，这一切并不是偶然发生的。

"银行就是不想让人们搞清楚所有的东西。"这天早上，赖希坐在自己那一小间办公室里。公司名叫"Simple"，条件简陋，一个装苹果电脑的空箱子凑合用作临时咖啡桌。赖希表示，"银行通过各种手续费和杂费赚钱。如果一家公司的主要利润源于客户的失误，那它就没有动力去改变这种现状。相反，它会任由客户的困惑继续滋长"。

很多人可能会对赖希的话产生共鸣，但也只能勉强接受现实——没办法，银行就是那样。但是赖希设想出了一种新型银行，这种银行能够从根本上简化用户体验，正如他的公司名字"Simple"一样。赖希从零开始创业，通过摆脱传统银行业的繁复流程，最终目标是消灭银行给用户带来的经常性烦恼和困扰。这也是 Simple 不向用户收取账户透支费的原因，与那些大银行平均会收取 39 种各项费用，形成了鲜明对比。

除此以外，赖希还设计出了一套管理账户的高科技银行系统，比如能够清晰记录所有交易明细，调整资金在不同账户间流动以获得最高利率。在 Simple 的银行系统中，用户只有一个账号，该账号被计算机系统密切监测，以用户预设的财务需求和目标为前提，帮助制订持续的投资和资金重组计划。

"我们和传统银行业的一个重要区别是，我们认为银行为客户提供的选择太多，"赖希说，"很多人都持有 6 张不同的银行卡，个人储蓄卡、配偶共享卡、航空里程卡、借记卡……但对这些银行卡的信息并不是很了解，也没有多少时间去管理自己的账户。"人们因此会产生一种愧疚感，总觉得对自己的日常财务状况关心不足。赖希实际上利用了这种愧疚感，他

Simple

任何一个聪明的笨蛋，都能把事情搞得更大、更复杂、更激烈。而朝着相反的方向推进，则需要一点点天分和巨大的勇气。

——经济学家 E. F. 舒马赫

的目的就在于帮人们消除这种愧疚感。

Simple 系统几乎完全建立在科技基础上，用户必须使用智能手机，通过应用程序绑定银行卡。要想成为 Simple 的用户，你必须愿意改变自己的理财习惯。在这里，开具支票严重受限，纸质账单要收取每张 20 美元的高价，而网络账单则完全免费。因此，这个新产物要求用户先从心态上进行转变。对于提问频率最高的两个问题："我的工资到账了吗？""我还有多少余额？"赖希鼓励用户通过网络或者电话自助服务获取答案。Simple 应用程序的顶部有一个显眼的"安全消费"标签，可在任何给定时间显示出能够正常消费的具体数额。

Simple 并不是一家拥有金库的真正银行，而是背后有合作的后端银行支持，它只相当于一个超级银行前台，主要负责通过网络与客户进行互动。这不仅简化了客户体验，同时也简化了 Simple 的工作内容，从而能集中精力和资源来改善客户体验，保证 Simple 应用程序尽可能地友好、方便和实用。

Simple 网站风格简洁明快，便于互动，能够让用户对自己的全部财务信息进行高级搜索，还有滚动更新功能，例如，它不仅能告诉你上周三在超市购物花了多少钱，还能显示是哪个收银员帮你入的账。用户真的需要所有数据吗？也许需要，也或许他们只求心安，以免以后万一用到这些数据。不管怎样，相对于很多银行硬塞给我们的复杂烦琐的模版资料，Simple 提供的数据是专为每位客户量身定制的，因此在某种程度上更具实用性和相关性。它还会在用户的交易项侧边显示地图，提示用户在完成某项交易时所处的具体位置（见图 2-1）。

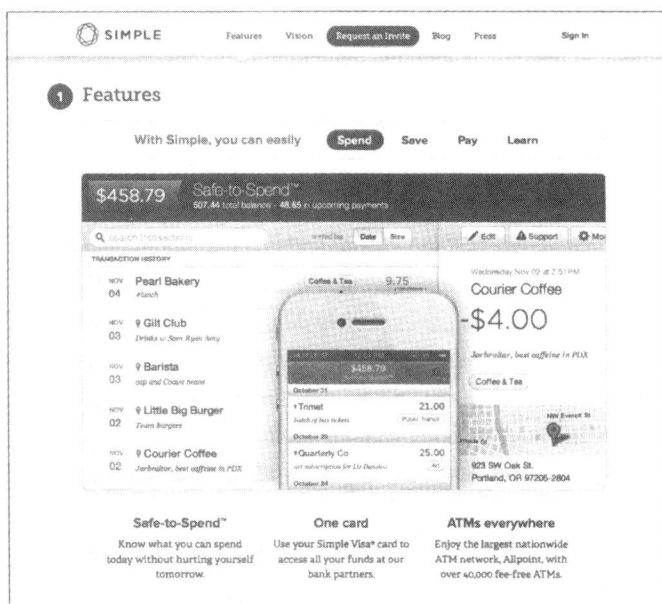

图 2-1　Simple.com 主页截图

　　赖希相信，如果科技用之有方，必定会为顾客带来简单体验。同时他也明白，有时候要解决一个难题，最简单的方法是人与人之间的直接沟通。大部分银行客户，如果有事关账户的紧急问题就会拨打账单上的电话求助。然而接下来，他们会在银行客服中心的多个接线员之间颠来倒去。每转接到一名接线员，对方都要再问一遍账户号码。这个过程中的每一个阶段，用赖希的话说，就是"对方都不知道你是谁"。正因为注意到了这一点，Simple 开发了自己的电话服务软件，目的是提供定制化的一对一服务。事实上，Simple 的电话客服中心受在线鞋履零售网站 Zappos 启发，在 Zappos 完善服务的基础上进行了改进。在其他与客户沟通的方式上，赖希也试图引入人性化服务，比如发送针对特定客户的专属票据。

不久前，设计师克里斯蒂安·安德森（Kristian Andersen）注册了 Simple，收到了一封回访信函，上面写着："我们想知道您对银行的真切诉求，想了解跟您的财务生活相关的一切爱、恨、意见、需求、期望和梦想。请相信，Simple 银行非常重视您提出的所有反馈。"

"在我看来，这封信传达出了一种信息，Simple 真心为用户着想，并且对用户的反馈深感兴趣。"安德森随后在自己的博客上写道："这是注册完成之后，用户体验的第一个接触点，它巧妙地巩固了品牌对客户服务和客户关系的承诺，"安德森还补充说，"这就是细节的力量，这项服务花费的成本并不高，却使一个品牌更具人性化和好感度。"[2]

时间将会证明赖希的雄心壮志能否实现，很显然，他抓住了重点。传统银行在不断流失客户，而复杂性就是其中最大的原因。据《广告时代》杂志（*Ad Age*）登载的"2010 年度爱德曼全球信任度调查报告"显示，83% 的受访者认为，"业务上的透明和诚实"是获得用户信任的最重要标准。在有关"消费者心目中业务流程简单度行业排名"的其他调查中，银行业在被调查的 13 个行业中位居第 10，排名最后三位的依次是公共事业机构、保险公司和信用卡公司。[3]

　　我们发现，消费者愿意为汽车、手机、旅行和健身等产品的简化支付"额外费用"。在某些情况下，这项"额外费用"高达商品总价的 6%，只是因为该品牌提供了更简单的体验，当然也可以将这种体验定义为易于理解、高透明度、关切、创新和有效沟通。从美国全行业来看，4% ~ 6% 的"额外费用"大约相当于 160 亿美元营收。如果学会简化，这笔钱本该稳稳收入囊中。尤其是医疗保健行业，如果采用更加清晰明了的沟通方式，就能挽回 43 亿美元的损失（见图 2-2）。

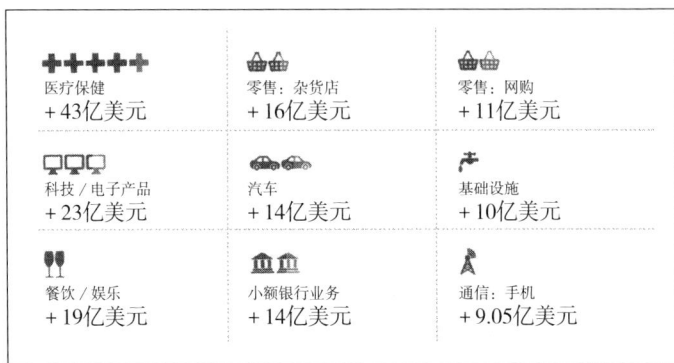

医疗保健 +43亿美元	零售：杂货店 +16亿美元	零售：网购 +11亿美元
科技／电子产品 +23亿美元	汽车 +14亿美元	基础设施 +10亿美元
餐饮／娱乐 +19亿美元	小额银行业务 +14亿美元	通信：手机 +9.05亿美元

图 2-2　美国商业界每年损失约 160 亿美元

　　事实上，几乎各行各业的客户都渴求简单。只不过，企业、医疗保健机构和政府提供的产品、服务和信息总是与客户的需求背道而驰。一个典型的案例是，全美有一半的被退货电器都是功能齐全的，退货原因仅仅是因为人们搞不清怎么使用这些玩意儿。[4]

商家总是大肆宣扬"更多、更多、更多"，但是消费者却渐渐地开始选择"更少"，这种现象看起来似乎有悖常理。如今，消费者更愿意接受功能简单的产品或者配方单一的食品。冰激凌制造商哈根达斯多年前就觉察到了这种趋势，品牌经理胡静怡（Ching-Yee Hu，音译）告诉《今日美国》杂志（USA Today），自从注意到不少消费者明确表示喜欢配料更少的食品后，公司就考虑："为什么不把冰激凌种类减少一些呢？"从此，哈根达斯诞生了一个名叫"5"的全新产品线，只提供 5 种食品配料——牛奶、奶油、糖、鸡蛋和香草豆荚，受到了消费者的热烈欢迎。[5]

当然，消费者喜欢冰激凌配料减少这个创意，主要是因为知道这 5 种配料不可能会是脱水土豆片、味精、乳清蛋白粉、人工色素或人工增味剂。我们很容易预见，当一个好创意（在此就是更少的配料）被贪婪玷污，就会变异。正如商家可以把"简单"当作一种销售策略，但实践起来可能完全不同，如果"更少"带来的不是纯粹和新鲜的话，那么这种策略不该被不合时宜地大肆宣扬。

不只是在购物过程中，人们在医疗服务中也迫切渴求简单的体验。此外，人们还希望从政府机构那里获得同样的体验。总而言之，就像乔什·赖希和其他简化主义倡导者一样，我们面临的需要简化的事物还有很多。纵观各个产业以及各种产品和服务，运用简化主义进行重新思考和再创造的需求已经愈演愈烈。

从这个角度看，令人烦恼的复杂性危机还有积极的一面——潜藏着巨大的机遇。在企业、政府和医疗机构中，逐渐积聚的复杂性形成了顽固壁垒，导致客户、市民和患者很难获得自己需要的东西。而简法是移除壁垒的最佳方式，只不过这个方法本身并不简单。

事实上，要解决复杂性危机，需要的不仅仅是创意，还需要一种伺机而动的心态，一种对于人们真实需求的感知力，以及一种愿意抛弃传统商业习惯和方式的决心。我们使用"突破性简化"这个词来描述一种创新方式，目的在于寻找方法把一切变得更加简单。这种思维方式能够帮助我们展望和追寻带来重大突破的各种可能性。

这也给"创新"这个已经被滥用、时常遭误解的热词赋予了新的含义。人们普遍认为，创新就是紧跟最新产品和潮流，或者是在现有基础上增添新功能。但是突破性简化理念认为，如今最具影响力的创新，不在于那些花里胡哨的新东西，而在于更优质的客户体验、患者体验和市民体验。而改善这些体验的最好方式之一就是简化，降低复杂性，减少不必要的修饰、麻烦和让人分心的东西，将全部的注意力集中在最重要的事情上——人们到底想要和需要什么？

当然，通过简化来突破现有复杂状况，并不是一件简单的事。其中的难度一部分在于，几乎所有行业或产品中的复杂性是经年累月堆积而成的，它们逐渐被人们接受，成为行业或产品中不可避免的一部分。勇敢地站出来大声说出"事情本不该这么复杂"，难免显得有些特立独行。美国西南航空公司的例子就很能说明这一点。40 年前，美国西南航空想在航空业寻找机遇一展身手，那时候的行业环境相比今天更加喧嚣和复杂。西南航空刚起步的时候，人们普遍认为，运营一家航空公司必然会面对各种低效率事件和复杂状况，包括维修保养各种型号的客机、为乘客提供用餐等后勤服务。看起来似乎没有办法摆脱这些日常繁杂的事务，直到西南航空以自身表现证明，事实并非如此。

一般航空公司往往采用多种不同机型的客机，而西南航空只采用波音 737 系列客机；其他航空公司普遍采用停留多个站点的"轴幅式空运系统"运输乘客，而西南航空则采取大胆举措，专注运营短途的"点对点"航线。此外，西南航空的航班上一般供应小吃而非全餐。这种精简的商业模式为西南航空创造了惊人的效率，使其在飞机养护、食物供应和机舱清洁等方面节省了大量成本，同时还确保航班飞行频次更多、更密集。Portfolio.com 网站这样评价西南航空："保持简单，并始终如一，由此降低成本，实现了对经营性资产的最大化利用。"[6]

当然，这种精简极有可能削弱顾客的体验，但是西南航空却将其转变成一种优势，因为这种精简令它的工作重点放在了与顾客利益密切相关的基础性事务上。西南航空利用节省下来的成本降低票价；其他航空公司往往强加给顾客一堆令人讨厌的隐形费用和附加费用，而西南航空杜绝这种收费；乘坐西南航空的航班，行李费全免；"点对点"式的短途运输方式让西南航空的航班延误次数比其他公司少很多。

此外，由于餐食费用削减，西南航空强化了乘客在机舱内的服务体验。公司鼓励飞行员和空乘与乘客打趣逗乐，西南航空的空乘都是出了名的"段子手"。这一切带来的商业效益也是有目共睹：30 年来，西南航空一直位居全美极少数持续盈利的航空公司之列。

西南航空的成功在很大程度上证明，任何一种产业或者商业模式，不管其内部存在多大复杂性，都可以实现简化。事实上，一个产业或者该产业提供的产品和服务越是复杂，那么能够实现简化的空间就越大，而且最终该产品或服务会更加为客户珍视和赞赏。

简化成为一种奢侈

一个复杂的行业若是提供简化体验，在很大程度上会被用户高度珍视和欣赏，这使得简化被看作是一种奢侈。这个事实可能会令一些营销人员意外，因为他们很容易进入一种常见的思维误区：为了让品牌显得高端奢华，必须要为客户提供更多的功能、更多的附加值和选项，在这种情况下，"高端奢华"等同于"过度铺陈"。但是我们发现，在面对各种选择时，奢侈品的消费者比普通消费者拥有的时间和欲望更加稀缺。简化是开拓奢侈品市场的一种方式，它为顾客在使用产品或服务的过程中带来了更多便利，而无须使顾客浪费过多时间去思考或挑选。不过，关键在于要帮助顾客做出正确且高质量的选择，并且要确保所提供的方案充分考虑了顾客的需求，是正确无误并且消除了各种潜在麻烦和问题的最简方案。

我们是在与保险行业的合作中学到这一点的。人们往往不会把保险业看作是一个魅力十足的奢侈品行业，但在我们帮助丘博保险公司（Chubb Insurance）打造"杰作"（Masterpiece）保单的过程中，这个行业内实现了突破性简化。丘博公司如今已在商业保险市场占据一席之地，但在20世纪80年代中期，该公司主要为企业提供个人险种，投保人多为企业所有者和管理者。这些人十分富有，并且需要各种名目众多的混杂保单，投保物包括各种值钱物件，比如珠宝、艺术收藏品、游艇、房产和豪车。

"杰作"保单中避免了典型的保险术语，采用清晰、简明的表达方式，便于投保人从头到尾轻松阅读和理解。这意味着丘博公司放弃了国际标准化组织（ISO）制定的行业标准文件模版，而这本是诸多保险公司大受欢迎的文件模版，因为它们知道自己只要参照这种标准，就是遵照各州法规行事，哪怕这些规范对于投保人来说并不是那么容易理解。丘博公司此举也更好地反映出实际业务运营和保险理赔的运作过程。

"杰作"也是一种完全定制化的保单。保单范围覆盖各种各样的险种，不过流畅的印刷文本帮助客户轻松实现了无障碍阅读。清晰和透明是丘博公司的品牌基石，它运用这种方式让投保人明白，哪些情况被排除在覆盖范围之外，并且没有特意注明的项目通常在覆盖范围之内。在确定投保之前，丘博公司会派一名评估师到投保人家中帮忙设定重置成本价值，如果评估师估算失误，丘博公司就会给出事实上的重置成本，这为客户带来了一种零困扰的理赔体验。

Simple 简法实践

> 拥有一张"杰作"保单已经成为社会身份地位的一种象征。福布斯美国 400 富豪榜中 60% 的人和《财富》世界 500 强 CEO 中 50% 的人拥有丘博公司的个人保险。

"杰作"保单不仅能让客户轻松阅读，对于丘博公司来说，保单的设计也使得公司能够更加轻松且快速地进行承保和核准。这意味着 95% 的保单和 97% 的批单可以在 7 天之内办理妥当，而保险行业内的业务办理流程通常要花费数周。这项举措让丘博公司盈利更多，因为能快速处理保单流程的保险公司会吸引更多客户，这本就是个"早起的鸟儿有虫吃"的行业。与此同时，丘博公司能够获得更高的"奢侈型"保险费，客户心甘情愿掏钱，毕竟保险覆盖范围明确清晰，理赔时也不会遇到太多糟心事。

正如丘博公司对于"杰作"保单的设计，定制化服务是实现简化的一种方式，因为它涉及信息筛选，并且能增强与客户的关联性。企业可以通过这种方式帮助客户节约时间，并且构建他们的信任度。哪怕是规模再大的企业，也能营造出这种梦幻式的客户体验：我们正竭诚为您服务，一切只为您量身打造。为什么其他公司不采用这种方式呢？为何不花点时间和精力去定制和简化自己的服务呢？

其中一个原因在于，消费者从来没有向企业要求过简化，这使得企业一直对自己的表现洋洋自得。企业从来没有花时间和精力去思考简化，或者去改变那些滋生复杂性的商业模式。在这一点上，企业对客户提供的服务是不充分的，因为它们总是以为自己可以侥幸蒙混过去。

现在不一样了。如今，大部分人正在寻找方式简化自己的生活。[7]其中的一部分原因，毫无疑问是对这个快节奏、超连通并且充斥了大量信息、选择和干扰的现代社会的反应。

S简法实践
imple

2008 年，罗博公众意见研究中心所做的覆盖 6 000 名受访者的《明思力全球价值研究报告》（*MS&L Worldwide Global Values Study*）显示，72% 的消费者希望企业能够更具透明度。该报告推断，在如今的商业社会，透明度"不再是一种选择，而是一种必需品"。

一个有趣的现象是，这种对于简化的渴求在各类人群中屡见不鲜。人们可能认为，年长的消费者对于日渐增长的复杂性最为抵制，事实的确如此，针对逐渐步入老龄化的"婴儿潮世代"（第二次世界大战后生育期高峰出生的一代人），帮助他们简化产品和服务是一个巨大的商业机遇。不过，可能令很多人意外的是，年青一代消费者的呼声也非常强烈。

Outlaw 咨询公司在 2007 年所做的一项调查显示，时下最为年轻的美国"Y 世代"（1980—1995 年出生的一代人）消费群体对于互动友好的品牌反应相当积极，用分析师霍莉·布瑞克利（Holly Brickley）的话说，就是那些品牌"使用直截了当的方式和简洁的包装，避免了一切烦琐"。受访者列举了一系列代表简化主义风格的企业，其中包括苹果公司、Trader Joe's 超市、捷蓝航空公司和 In-N-Out 汉堡店。这些年轻的受访者们将"简单"与另外一种企业特质"真实"关联起来，也就是说，"保持简单"等同于"保持真实"。[8]

如今很多品牌几乎不惜一切代价想向消费者传达"真材实料"的品牌形象，但是它们没有意识到，企业对提供的产品、包装以及各种信息进行简化，才是传递真实特质的最重要方式。这种误解还充分体现在企业的广告宣传中。《广告周刊》（*Adweek*）与哈里斯民意调查机构（Harris Poll）联合完成的一项报告显示，75% 的美国人看不懂电视上的某则广告。[9] 更常见的情况是，21% 的人认为广告内容表意不清。

当我们谈论突破性简化的时候，说的是一种能够拨开迷雾的良性沟通。这适用于企业提供给消费者的一切，包括产品、广告以及与客户沟通的种种细节。总而言之，企业应当快速、清晰并且简洁地提供产品或者服务，毕竟消费者没那么多时间和兴趣去搞清楚各种行业术语。只有运用清晰的思路和表达，一家企业才有可能摆脱当今市场的各种乱象，脱颖而出。

简化会从多个层面给企业带来影响，因此从企业高层开始提倡简化主义势在必行。简化提升了企业的诚信度，因为当企业与客户进行直接沟通且企业行为高度透明的时候，客户很难被蒙蔽。通过采用集中、清晰的策略和简洁的方式，企业的效率会更高，也更容易管理。同时，这还可以提升企业内部的清晰度，令员工更易理解自己的目标或者入行的初衷。最后，也是最重要的一点，就是回归商业的核心诉求——简化能够促进销售。

简化不仅能够促进销售，还能够在关键时刻救人一命。我们发现，对于简化这场革新，如今时机最为成熟的产业之一就是医疗保健行业。几乎每个人都乐意见到医疗保健行业的创新和改善。如果你近期去过医院，哪怕只是和医生聊过天，你就会发现这个行业内部的复杂度之高足以令人头晕目眩。医疗保健行业的简化，不仅是商业上，同时也是道德上的必要之举。正因为如此，一些医疗界的先行者已经冲到对抗复杂性战争的前线，并且带来了一些宝贵经验。

医疗保健行业的简化

医院的复杂程度几乎没有一个行业可与之匹敌，这也使得医院成为一个测试简化策略的理想实验室。如今在美国，像梅奥诊所（Mayo Clinic）、恺撒医疗机构（Kaiser Permanente）、克利夫兰诊所（Cleveland Clinic）这样的医疗中心已经成为践行简化主义的先驱和典范，并且在很多方面做出了卓越贡献。

护士交接班制度

医院里的护士交接换班会导致患者的持续护理过程中断，因此恺撒医疗机构创立了一套简单的制度，要求护士在轮班交接的时候，在患者的病床前把一切相关信息沟通到位。同时，在此过程中还鼓励患者主动参与，此举有效地减少了医患沟通障碍。[10]

外科医生手术安全记录表

最初由波音公司设计的航空飞行记录表，如今被不少医院采用，在进行外科手术期间，由外科医生负责填写安全记录表，确保一场手术全程中出现的各种问题有简略记录。

医院提供专业服务项目

零售商们发现，缩小业务范围能够带来更多利润，医院也发现了这一点，于是它们开始了行业细分，专攻疑难杂症或者特定类型的治疗。不管是患者的肘关节出现问题还是要做心脏手术，都有专门的医院可以去。

当然，即便在患者出院后，与医疗相关的复杂流程也还没有结束。出院患者开始进入单兵作战状态，但此时还要依照各种治疗方案，按各种处方配药，还有一堆账单要付。以上每一个步骤都可以进行简化，一些创新者已经走上这条道路了。由医疗机构从业者发起的简化运动已经在全美范围内开展起来，目的在于降低医院账单的复杂度，甚至呼吁医院在患者入院诊断时就开始解释各种费用构成。同时，沃尔格林连锁药店（Walgreens）也抓住机遇为患者解决需求，确保出院患者能够迅速拿到处方上开具的药品。这家药品零售商最近还宣布开始提供一项新服务，即在患者出院前，在医院病床边就可以把处方上的药品全部配齐。

政府机构的简化

如果说还有比医疗保健行业更具有简化潜力的机构，那显然非政府莫属了。也许你无法相信，但美国联邦政府的确曾经是简化主义的典范，试想，整个美国的立国根基也不过只是 6 页长的《美国独立宣言》。但时过境迁，如今的美国联邦政府，简洁和明晰已经荡然无存。

过去 40 多年来，历届美国政府都试图简化公共事务，有些甚至还采用具体措施去实现这个目标，比如奥巴马政府承诺，实现公共事务透明简洁的新风貌。金融危机导致人们对企业和政府的信任度降至最低，根据我们自己的调查显示，79% 的美国民众希望总统"规定每一项新法律、规章和政策都使用清晰、透明和简洁的表达方式"。[11]

奥巴马作为"改变"理念的倡导者、非凡的沟通者，以及一个经常在发言中提到"让我再清楚说明一点"的人，显然是简化主义的绝佳倡导者。上任伊始他就发表演说，呼吁政府事务透明化。"政府应当鼓励民众参与"，奥巴马在发言中表示，"民众参与能够提升政府效率，并且改善政府决策的质量。"[12] 2010 年，奥巴马签署了《2010 简明写作法案》（*Plain Writing Act of 2010*），要求所有政府文件一律使用"清晰、明确和结构合理"的语言风格写作。

即便如此，奥巴马在简化和明晰政府工作的努力上可能已经错失最佳机遇。民调公司 ForeSee Results 所做的一项报告显示，美国民众对于白宫在政府事务透明化上的作为仅有约 46% 的支持率，国会获得的支持率更低，仅有 37%。[13] 同时，我们自己所做的调查显示，约 65% 的美国人认为，美国政府在跟民众沟通公共福利和社会服务时，工作做得很不到位。

奥巴马政府声称自己是有史以来最具透明度的政府，在此还使用了一个词叫"全面披露"，这一点没错，因为历届政府中没有哪一任会在网络上公布如此之多的公务信息（见图 2-3）。但是，如果我们使用"有条理地披露"这个标准来看"透明度"的话，奥巴马政府仍有诸多不足。如果深究问题根源，就在于简化需要的不只是一腔好意和迅速行动。当然，奥巴马政府的行动方向是正确的，他们把大量政府信息数据直接公布在网络上，但是这些数据还需要组织、汇编和设计，以便于民众阅读。事实上，政府只是把大量数据一股脑地填满 Recovery.gov、Data.gov 和 USAspending.gov 之类的网站。对于那些连自己纳的税都不知道花在哪儿的普通民众来说，这些数据确实很令人费解。

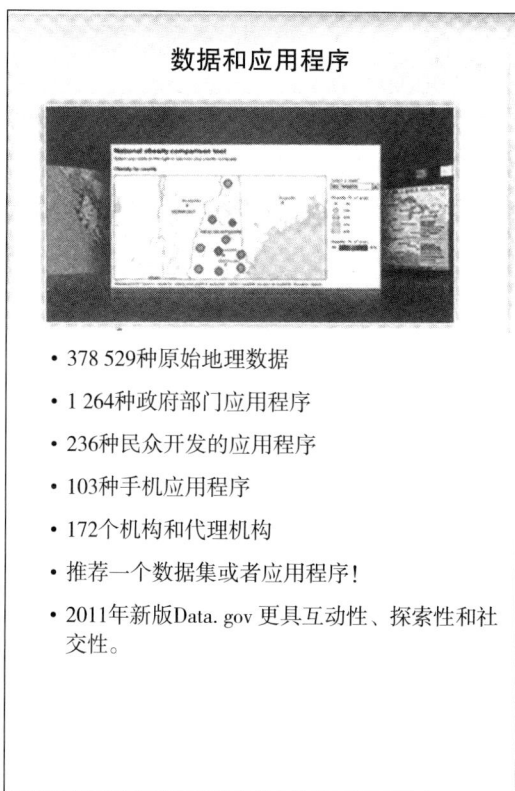

图 2-3 Data.gov 网站截图

注：网站显示了美国联邦政府提供的大量信息，包括几百个机构、上千种应用程序以及上万个数据集。

有趣的是，这样一个数据倾倒型政府错失的沟通机遇，被不少私人企业牢牢抓住，它们对那些原始数据进行再加工，转化为智能手机上的应用软件和专门网站，为人们提供各方面的有用信息，从公交运行时刻表到天气预报等，无所不包。这算是一种进步，因为如果政府没有开放数据，这一切本来也绝无可能发生。但是如果任由这些数据被别的公司加工改造，政府就在一定程度上失去了直接与民众沟通的机会。

很长一段时间内，政府机构给人的印象是：因为过于庞杂而无法进行简化，深陷于官僚主义的泥沼之中，并且被有数百年历史的晦涩难懂的法律制度牢牢束缚。

要打破政府在法律和官僚体系上的复杂性僵局，可以采用一些实用方法。美国在 20 世纪 80 年代开始启用的最简化个人报税表格"1040EZ"，就是一次很大的革新。复杂的文件经过简化后充分适应现实状况，这份表格适用于除了工资以外没有其他可申报收入的纳税人，从而把很多人从报税表格和各种指示迷局中解救出来，节省了纳税人数百万小时的时间。值得肯定的是，美国国税局沿用该表格长达 15 年，之后又推出了电话填报 1040EZ 表格的服务，从而又帮民众节省了数百万小时的时间。1998 年，美国国税局还对商业税报税人提供了类似的服务，帮纳税人节省了更多的时间。

不过，1999 年，政府机构的精简热逐渐开始降温。那一年，联邦政府的文书负担飙升到有史以来最高，其中 90% 的增长来自美国国税局。如果用投机主义的眼光来看，

Simple

我们如今的民主制度掌控在那些已过世的人手中。

——"公共利益"联盟创始人菲利普·K. 霍华德，他在评论数十年前甚至几百年前制定的法律和规章对如今产生的种种限制时如是说。

这意味着其中存在大量可简化空间。

　　如今的简化税码运动可能与多年前那场运动具有同样的动力源。不管是政治候选人，还是就职于美国国税局的纳税人权益倡导者尼娜·奥尔森，各界人士都对如何修改和简化纳税体系各抒己见。有人建议采用进步的单一税制，也就是只包含几种税率的体系。这种方案试图解决各种扣除额、免税和例外问题（见表 2-1）。想要改革税收体制，就必须考虑清楚如何消除或者至少简化这些无限变量，同时还不能破坏该税收体系的公平性和完整性。这是个困难重重但值得一试的挑战。之后，报表上的条目将会大幅度缩减，填报纳税申报单也自然会变得简单很多。

表 2-1　　　　　导致个人所得税复杂化的种种因素

收入类型	收入者	数额	是否 有减免
工资	已婚	收入级别不同，税率不同（纳税等级）	扣除额
资本收益，利息，股息	单身 同性伴侣 同居未婚		免税额
版税，租金	65 岁以上老年人 盲人，残障人士 父母		税收抵免

注：对于大部分纳税人来说，很难搞清楚"扣除额""免税额""税收抵免"这些术语之间的区别。

不难看出，对于任何决心追求简化主义的人来说，充斥在政府机构中的复杂性提供了一种潜在的巨大政治机遇。事实上，令我们惊讶的是，民主党和共和党的政治候选人，竟然都还没有在政府亲民立场上表明自己的巨大决心。对简化主义的呼吁将成为一种强大的信念，激发选民们的共鸣。但是，任何抱此决心的候选人一旦当选的话，都应该去认真着手解决这个问题，而不只是许下空洞的承诺或者倾倒大量数据信息。他们需要调整心态，建立一套系统方法，从而向着简化主义这个目标前进。

当然，我们无法提供那种神奇的五步实现简化之法。我们见过太多想要成为简法践行者的人，试图通过引入"六西格玛"企业质量管理流程或者数据主导型测试去对抗复杂性。他们把接听客服电话的速度提升到 0.01 秒，以百万为单位监控鼠标点击的次数，但一切无济于事。我们也看到企业试图实现自动式简化，比如酒店使用高科技操控一切，从客人办理入住到叫早服务，结果导致没有真正的人类接触，客人也没法去询问机器无法回答的反映个人需求的特殊问题。

要想实现简化，组织或机构必须做出彻底和充分的承诺，其中同理心、精练和明晰三者缺一不可（见图 2-4）。

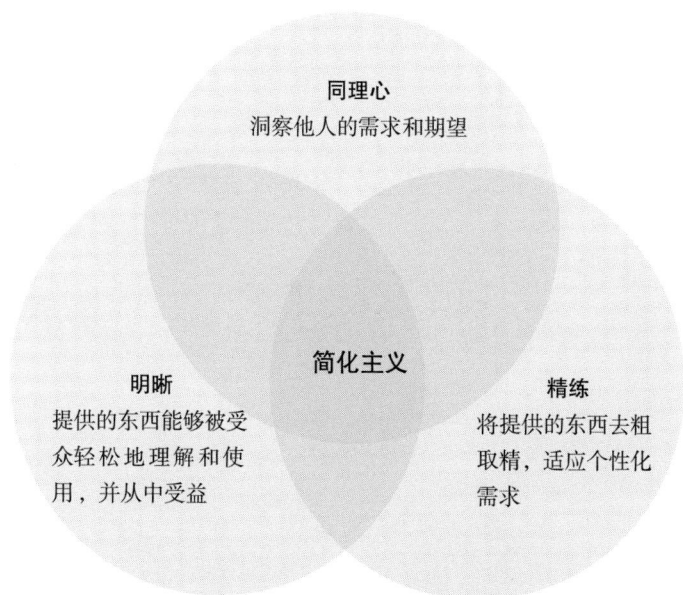

图2-4 简化主义的3个构成要素

这要求我们树立原则，将提供的产品或服务化繁为简、提炼精华，同时还要让产品或服务个性化，使其最大限度地满足客户的需求和期待。此外，我们还必须通过简明的语言和设计风格努力实现清晰的表达。这一切都始于下一章要讲到的同理心，也就是乐意并且有能力从对方的角度出发，去审视我们提供的合同、应用、产品或者服务。总之，要想让事情变得简单，必须要足够用心地去考虑别人的处境、需求和期望，然后对此做出恰当的反应。

Simple

Part 2

Part 2

简法的三大原则

Conquering the crisis of complexity

03

同理心，所有的企业都是体验型企业

简化主义的目的就是要缩短企业与客户、医院与患者、政府与民众之间的距离。这一切要从理解他人的处境和需求开始。

Simple

Conquering the crisis of complexity

A man, to be greatly good, must put himself in the place of another and of many others; the pains and pleasures of his species must become his own.

一个伟大的人必须懂得设身处地为他人着想，人类的疾苦哀乐应可聚集于他一人之身。

——英国诗人雪莱

"我这是在医院，还是在高级酒店？"凡造访过克利夫兰诊所的人，往往会发出这样的疑问。

明亮通风的中庭里，古典音乐旋律缓缓流淌，四处可见油画和雕塑，服务台是身着红色外套的工作人员，克利夫兰诊所的氛围非常抚慰人心，绝不是那种混乱嘈杂、令人心烦意乱的医院环境。你见不到来来往往的轮椅床上的病患，因为他们是通过医院专用电梯进行转移，尽量避开公众视线。说实话，没有患者愿意被暴露在众目睽睽之下，访客也没必要看到这一幕。这家医院安全措施完善，住院区的安全系数是周边社区的数倍，但一切都低调隐蔽。医院四周环绕着大量复杂的安保设施，不过你无从察觉，因为它们不会挡在主路上引人注目。[1]

在参观克利夫兰诊所时，我们利用一个叫"玛丽亚"的触屏指路设备，很便利地打印了方向指示。此外，我们还发现这家医院的其他巧妙之处。这里空气清新，令人心旷神怡，不像其他很多医院里到处弥漫着一股刺鼻的消毒水气味。

克利夫兰诊所与其他医院的区别，绝不仅仅体现在整体氛围上，而在于患者体验的诸多细节当中。从医生和患者谈话的方式（使用日常用语而非医疗术语，并且事无巨细地回答患者提出的各种问题）到医院的住院服（由美国时装设计师黛安·冯·芙丝汀宝［Diane Von Furstenberg］设计，舒适易穿，得体优雅），再到患者出院后收到的简明清晰的账单，这一切都反映出医院的承诺：简化患者与大型复杂医疗机构之间的沟通过程。

你或许会说，克利夫兰诊所正在从"医疗业"转型到"酒店业"。它为什么要这么做？事实上，近年来顶尖医院使尽浑身解数争相吸引患者。最初，这些医院试图通过广告来宣传各种专门服务和高科技医疗器械，从而提高知名度，吸引更多患者。它们传递出的信息是：最优质的医院让您不虚此行。

而问题在于，大多数患者对"最优质医院"这一概念模糊，直到他们开始做一些非正式调查，包括跟亲朋好友打听、查阅网站、在社交网络上打探。这时，他们才开始了解到曾在某医院就诊过的患者们的真实感受。也是在这个时候，那些软性的、抽象的患者体验才比数据排名或者一流医疗设备更具说服力。

患者在住院期间，最令他们难忘的是什么？克利夫兰诊所发现，一切尽在细节之中，比如患者按下呼叫铃后护士花费多长时间赶到病房，患者要求的食物是否能够提供，医护人员是否遵守"10-4"原则，即"当离患者 10 英尺（3 米）远时，要面带微笑并进行眼神接触；当离患者 4 英尺（1 米）远时，要主动与其交谈"。当然，健康无恙地出院是最重要的事，这一点是患者的天然诉求。但是，最令患者印象深刻并且会讲给别人听的，是那些发生在住院期间的非正式人际交流。

这种交流包含很多内容。詹姆斯·莫里诺（James Merlino）医生是克利夫兰诊所的首席体验官。在首次评估患者在住院过程中遇到的各种典型沟通时，他表示："在患者出院前，上百人的表现共同决定着患者在这家医院所获得的体验。"这意味着克利夫兰诊所面临着复杂的挑战，包括如何协调各种交流沟通，怎样判断自己做得是否正确。

医院领导者认识到，这些难题无法通过中间措施彻底解决。因此，4 年前克利夫兰诊所进行了一次彻底的结构调整，"患者体验办公室"应运而生，莫里诺担当重任，他表示："我们把患者体验管理变成了医院的行政要务。"

整个医院里将近 40 000 名员工接受了为期 40 天的培训，从行政管理人员到神经外科医生，都要学习如何担当"照料者"角色，并培养"以患者为中心"的服务理念。莫里诺指出，加强员工与患者之间的互动，唯一办法就是让员工对自己负责的那部分患者体验"全权负责"。这其中甚至包括停车场管理人员和餐厅服务人员，尽管这些人严格来说并不算是医院的员工。医院的领导者和员工都要共同面对一些基本问题，比如"患者体验意味着什么"，并制定与患者交谈或回答问题的行为准则。

首先要确认患者能够充分理解听到的内容，毕竟他们在医院经常会被各种医疗术语和复杂指示困扰。如今，一个叫作"医疗信息识读"的专家团队为医护人员提供专门指导，同时复审医院提供给患者的所有印刷品。护士被要求多跟患者对话，这成为他们定时巡视病房工作的一部分；医生则被要求清晰明了地解释医疗过程，并且回答患者提出的所有问题；患者也被力劝尽量多与医务人员进行交流，正如莫里诺所言："我们告诉患者，在医患关系中，您是重要的另一半。您的积极配合是对我们莫大的帮助。"

这种转变能够取得成功的关键之一在于反馈机制的广泛运用。克利夫兰诊所从患者处收集大量反馈信息，毫不隐瞒地与医院所有工作人员分享，包括最受尊重的外科医生；医生们也可以看到患者对自己沟通技巧的评分，患者投诉也会被一字不落地公开。所有数据，包括调查结果以及反馈进度，都会详细记录在"患者体验面板"中，以供医院领导者实时查看。

事实上，克利夫兰诊所的工作人员与患者接触的所有环节几乎都被简化了。这一切从患者给医院打来的第一个预约电话开始，到患者出院后收到账单结束。医院只有一条服务热线，而且只要患者提出要求，就能在当天获得预约。对于一家如此规模的医院来说，能做到这一点非常难得。患者出院后收到的账单或许数目不菲，不过克利夫兰诊所设法通过一系列举措缓和账单给患者带来的冲击，比如患者会收到一封来自医院的特别感谢信，以及一份医保保销项目的清单和后续费用清单。

很早之前，克利夫兰诊所就意识到，"良好的员工体验有助于促进良好的患者体验"。医院就此开展了一项代号为"薰衣草"的行动来满足员工需要。如果员工因为患者离世造成心理创伤，可申请进行特殊心理咨询，接受咨询的员工将佩戴薰衣草腕带，以提醒其他员工在与其接触时多加注意。在业务不忙的时期，医院也可以安排护士每周 3 天，每天 13 个小时的轮班工作制度，从而为护士们创造更多的空闲时间。

克利夫兰诊所清楚，对于医学院毕业的学生来说，缺乏同理心司空见惯。事实的确如此，迪尔德丽·梅罗德（Deirdre Mylod）是医疗机构患者体验咨询公司 Press Ganey 的医疗保健咨询师，她表示："研究表明，在医疗训练过程中，同理心确实在医学生和住院医师群体中呈衰减态势。"[2] 克利夫兰诊所对此十分在意，因此在员工招聘过程中引入人格评分筛选机制 PreVisor 测试，招聘员工既要看专业技能，也要看性格和态度。

这一切带来了什么结果？克利夫兰诊所因此获得了丰厚的商业利润，不仅吸引了更多患者，而且从每位患者身上获得的收益也增加了。克利夫兰诊所对住院账单进行简化后，极大地提高了患者付款的及时性。除盈利外，医院在其他方面获得的益处也不容忽视，比如患者获得了更多知情权，也在很大程度上参与到医院的治疗过程中，从而更有可能配合治疗，身体恢复得也更好，他们在出院后也更有可能向亲朋好友宣传该医院的良好服务。

克利夫兰诊所进行的具有革新意义的"患者至上"运动，如今仍处在初期阶段。但医疗保健行业的其他巨头，比如克利夫兰诊所的强劲对手梅奥诊所，都虎视眈眈并采取了相似策略。对于处在这场运动前沿的很多医院来说，一个显而易见的事实是，一家医院单是拥有顶尖医生和前沿科技是不够的。如今的医疗机构必须以一种全新的方式提供服务，愿意并且能够从患者的角度去思考问题。为了提升患者体验，医院必须充分运用同理心，从患者的角度出发，去考虑他们特有的境况、担忧、需求和期待。如今医院之间竞争的关键，已经不再只是拥有一流的心脏病专家，而是医院本身要拥有一颗人性化的"心"。

如何改善客户体验

从某种程度上讲，如今所有的企业都是"体验型"企业。每一位客户都是独一无二的，有些沟通会改变人的一生，而有些却让人转瞬即忘。那么，到底该如何去处理和改善客户体验呢？

试想，为什么很多企业的客户体验效果不佳？因为这家企业提供的产品、服务或者沟通没能满足客户的期望或者需求。有很多因素会影响客户满意度，比如沟通不畅、表现不佳、过度复杂、困扰太多。正因为如此，企业和客户之间的距离逐渐拉大。简化，就是要移除这些障碍，缩短这种距离。

此外，企业也十分有必要贴近客户，了解客户的真实处境和需求。无数产品、说明书和服务的设计都呈现出了毫无必要的复杂性，就是因为现实方面的考量被严重忽视。生活中，我们时常脱口问出这样的问题："到底是谁设计的这玩意儿？！""谁发明的这东西？！"通常，这都发生在我们试图拆开一个棘手的产品包装或者在关掉一阵恼人的警报时。与此相似的是，你买的汽车越高级，附带的使用手册就越厚，厚到几乎能塞满储物箱，而你却连重设时间这个小问题都搞不定。对于这样的汽车使用手册，你要花费大量时间、金钱和精力去弄懂它，这还不算什么，如果在行驶过程中遇到麻烦，这个手册可是一点儿忙也帮不上。

我们把这种现象叫作"真空设计现象"，日常生活中屡见不鲜，比如现在的药品说明书上的字体变得越来越小，几乎要拿到显微镜底下才能看得清楚。那些微型说明书环绕着药瓶塞满一圈，显示了印刷技术的进步，但是展开之后字体非常小，即便视力最好的健康人士也无法看清它们，更别提让患者去阅读了。

在大多数企业中，每天都有特别任务小组监测各种生产管理流程、精简各种交流方式、重新设计各类文件，目的都是为了简化。那为什么复杂性仍然挥之不去呢？关于这一点，你可以在订机票、买吸尘器或者给银行打电话的过程中深有体会。为什么总是在现有基础上不断修修补补呢？为什么不能在初推出一种产品或者服务时，就将简单刻入精髓之中呢？

我们认为其中缺乏的要素是同理心。说到同理心，我们指的是设身处地为客户着想，考虑那些可能会购买和使用你所提供的产品或服务的客户的真实处境，然后进行产品和服务设计，从而反映客户的真实需求。简化就像是沟通过程中的外化体验，这种体验的创造者必须"变成接收者肚子里的蛔虫"，从而预知这种沟通将会给用户带来什么样的感受。

下面这个极端化场景能够很好地反映我们上面提到的内容。假设你住在一间位于 25 楼的酒店房间，午夜时火灾警报突然响起。你立即查看门后的应急疏散指示图以寻找最近出口。在这种紧急情况下，指示图往往看起来更像是迷宫而非逃生地图。你为什么不能清晰、容易、快速地看懂这张图呢？因为这张安全指示图是设计者在轻松舒适的环境下设计出来的，他们有充足的光线和时间去研究和破解这份示意图。换句话说，这种求生指南的设计者根本就没有充分为使用者着想。

你下次乘坐飞机时也可以做一下同样的测试，检查一下座椅靠背上的安全须知，你会发现，上面的内容对于办公室里的设计师来说似乎没什么问题，但是在真实场景下却令人难以理解。

要检验这种针对用户的文案写作是否合格，唯一有效的方式就是在恰当的场景下测评用户的感受和理解力。拿飞机上的安全须知来说，你要把它送到不同的航班上去，获得航班上具有代表性的乘客对此的反应，比如老年人、独自飞行的儿童、疲倦不堪的常年飞行者、心惊胆战的首次乘机者等。限定时间让他们去阅读这份安全须知，毕竟如果紧急事件发生的话，你也没有太多时间去细细研究。问问他们如何理解这张图，第一眼吸引到他们的是什么，哪一款条目看起来很多余，等等。

福特汽车公司付出了很大代价才认识到这点。2011 年 11 月，该公司宣布，为购买配置了"MyFord Touch"系统的汽车的所有客户免费升级，因为有太多客户投诉该系统的外观和操作过于复杂，毕竟在驾驶汽车时使用触摸屏与在会议室里的体验截然不同。该系统的升级版使用象限图式的屏幕布局，司机即便不盯着屏幕，也能很轻松地区分各种指令：只要记住左上、右下就行了。

我们明白，在商业社会中谈论同理心听起来似乎太"软"。它激起的情感往往跟美国社会的"企业化"体系或者利润关系不大。但是，弄清楚一点很重要，那就是同理心并不等同于同情心。

我们绝对不会建议你把公司的电话客服中心变成心理援助热线，或者把客户的分手、失业、婆媳关系不和等糟心事当成自己的事去处理。我们并不是建议你对客户的个人困境施予同情，而是希望你能试着理解客户的处境，运用同理心从他们的角度看待事物。

当然，同理心的标准定义，通常指的是理解他人的感受。但我们的重点在于，去理解对方的思考方式、决策过程以及注意力广度。

为了让简化主义行之有效，必须考虑到一切可能影响用户理性思考的因素。因此在决策过程中出现感性压过理性的情况时，例如医疗急救、签署离婚协议、买房、遗产分配等特殊情况，去理解当事人的情感状态非常重要。因为心理压力、巨大冲击和迫切需要会影响重要信息的筛选过滤。

除了考虑到现实状况的需求，成功的简化还必须迎合客户期待（例如通过分析客户的电话账单指出客户可能需要更换手机套餐），并且灵活处理，避免将客户进行生硬归类。明智的企业会询问客户的偏好，并且与客户建立联系。爱德华·琼斯投资公司（Edward Jones）就很聪明地抓住机遇，为投资者提供了三种不同详细程度的投资表现报告。个性化定制是一种建立持续客户关系的强大方式。

践行这样的理念，采用富有同理心的设计，面向每一位客户提供个性化产品或服务，必然促进销售增长并且提高客户忠实度，这最终将会缩短并消除企业提供的产品或服务与消费者的期望之间的距离。

现实状况表明，客户的期待和企业提供的产品之间的差距越来越大。美国客户体验调查机构"客户关怀联盟"（Customer Care Alliance）所做的一项研究报告显示，70% 的美国消费者过去一年曾经历过令自己感觉"失望"和"极端失望"的糟糕客户体验。[3] 而科技博客 TechCrunch 称，82% 的美国人称自己曾因为糟糕的服务质量而与某家公司中断合作。[4]

客户关怀联盟的调查发现，一个"暴怒"的消费者极有可能向朋友和家人讲述自己遇到的糟糕客户体验——这可不是几个人而已，一般来说至少涉及 18 个人。这还不算什么，如果消费者在社交网络上痛诉了这次糟糕体验，事情就闹得更大了。不高兴的客户对于企业来说就像一场噩梦，在如今的社交网络时代更是如此，那些怒气冲天的抱怨和不满会在网络上迅速泛滥成灾。

从某种程度上说，所有企业都心知肚明，必须要把客户伺候高兴。但是商业社会中有一种倾向，认为企业与客户的关系全部围绕着产品本身——要提供一个好产品，其他部分只不过是多余的粉饰。尽管如此，但还是要注意，人是非常情绪化的动物。很多时候，产品成了附加价值，而一些细微的沟通环节，比如销售员回答问题的方式或者是一封商务信函的语气，就成了客户与企业之间最令人印象深刻的部分。

普林斯顿大学心理学教授丹尼尔·奥本海默（Daniel Oppenheimer）表示，在商业行为中，情绪的反应最为持久深刻。"如果一家公司对待你的态度很糟糕，你可能很快会忘掉具体的事件细节，但是以后每当你想起这家公司时，心头就会涌起一股很不愉快的感受。"奥本海默还提醒说，一次积极的互动拥有非凡并且持久的力量。[5]

商业杂志《快公司》上的一篇文章宣称，"对于品牌来说，'人性化'是时下最新潮流"。其核心观点在于，企业能够通过培养自身的诚实、友善和幽默感等人性化特质增加吸引力。"如今，品牌具备了越来越多的人类特质。"IDEO 公司的设计师艾丽·露娜（Elle Luna）如是说。[6]

顾客们烦透了官僚主义式的沟通方式，比如用一堆空泛而毫无人情味的信息敷衍顾客，迟迟不回应顾客打过去的电话，照搬复杂烦琐的流程，处处都要求签字盖章，提供让人看不懂的说明，用专业法律术语搪塞顾客，并且想尽办法变着花样将顾客拒之门外。

作为消费者，我们日常生活中会遭遇种种类似的挫折，造成我们在接触到另外一种完全不同的沟通方式时，会感到意外惊喜，并且难以忘怀。

我们第一次使用 ING 银行时，就感受到了这种稀有的客户体验。[7]当时我们只是想把一些现金存到一个利率更高并且便利的储蓄账户，对客户体验并没有报太大期望。但之后的事实很清晰地表明，

ING 银行对提升客户体验的种种细节考虑得十分周到。这个过程最初始于它们的"可选择加入"隐私保护策略，意思是在未经客户同意的情况下该银行不会公开客户的个人信息。而在这一点上，其他所有金融服务公司几乎都是反着来的：除非你明确告知不允许公开个人信息，否则这些金融机构就会与跟它们有合作关系的杂七杂八的各种机构分享你的个人信息，从此以后你就有接不完的产品或服务推销电话。

ING 银行有一次发邮件让我们确认个人识别密码的变更，邮件中字里行间的语气就像是真人而非系统模版，内容类似于"确认无误的话，那您今天就尽管放心啦"。账单也是如此，客服电话号码一点也不遮遮掩掩，而是十分显眼地处于页面底部，而且电话拨通后，第一个选项是：直接与真人客服对话。电话一接通，与我们对话的不仅仅是真人，而且是本国人，这证明 ING 银行并没有把客服功能外包给国外的廉价劳动力市场。这种对于细节的用心，令客户体验变得简单轻松，因为它充分考虑到客户的需求，并且在客户还没来得及提出问题之前就圆满解决了问题。

我们很荣幸见到了 ING 银行的董事长兼 CEO 阿尔卡季·库尔曼，对银行有了更进一步了解。我们发现，ING 银行直接回应式的客服策略就是一种更宽泛的简化主义哲学的体现。库尔曼认为，我们生活中充斥着太多的迷雾和喧嚣，全美 7 000 多家银行的各种烦琐流程就是一个明证。他还解释说，简单和明晰能够让企业显得更加真实，进而在市场上占据一席之地。如果这些理由还不足以具有说服力的话，那么别忘了这些特质在社会公德方面的贡献："简单和明晰对于美国社会大有益处，它们不只是带来良好的商业意识，而且能在很大程度上提高我们的生产力。"

库尔曼表示，如今商业上一个很大的问题是，太多企业"专注短期股东利益，而非致力于提高忠实客户的数量，以及认识自己的长期潜力所在"。这导致了无数令人讨厌的企业行为，比如向客户收取隐形费用。

库尔曼想要吸引的就是那类反对银行乱收费的"愤怒的顾客"，因此在 ING 银行中，各种沟通环节杂费很少，这已经成了该银行的一个显著特征。"了解你的客户"如今已经成了陈词滥调，但是在 ING 银行，它是一条重要准则，帮助银行调整市场策略，并在储蓄账户、互惠基金等全部产品中贯穿低费用原则。ING 银行还采用方便易用原则来设计其他产品和服务，例如没有最低存款额限制，客户能够轻松地为度假旅行等特殊目的设置子账户，这样钱就能自动从其他账户进行转账。ING 银行甚至还简化了充斥着复杂文书的贷款流程，从而能够快速批准客户贷款，并且通过自动化贷款审批体系建立了几乎无纸化的交易流程。通过简化产品，ING 银行建立了卓越的品牌形象，从而与那些提供过多账户类型的大银行有效区分开来。ING 银行既为客户着想，也开启了明智的商业策略。

至于客户对于 ING 银行此举的反馈，以下数据足以佐证：ING 银行的客户满意率高达 98%。在普华永道发布的一项"全球最受尊重企业排行"榜单上，ING 银行名列"最受 CEO 尊重的 7 大正直金融机构"榜单之上。ING 银行的客户调查机制通常都极具透明度，他们在自家的网站上征集客户反馈并且直接公布结果。库尔曼将这项机制看作是一种早期预警体系，而非问题出现以后的诊断工具。

另外一个事件也表明了 ING 银行策略的正确性：2011 年，当投资公司 Capital One 宣布收购 ING 银行时，ING 银行的忠实客户十分担心会失去这样一个"益友"，他们在网上发表了数封感情充沛的信件，《纽约时报》甚至对此进行了一个专题报道。[8] 试想如果你的公司被收购了，你的客户会写出忧心忡忡的挽留信吗？这一切都在很大程度上令 Capital One 相信：不仅不应该改变 ING 银行的政策，而且应该多向其学习讨教。

ING 银行教给我们的是，企业和客户之间那些细微却关键的障碍，比如杂费、公文模版、不退款政策等，正是企业和客户疏远的原因。移开这些障碍，将在很大程度上改变客户体验。此举可能会令企业损失一些小钱，但会因此填补与客户之间的鸿沟，从而令品牌和客户关系更加紧密，也更加甜蜜，客户必将由此而十分欣赏企业，并将一路追随下去。

同理心带来洞察力

该如何看清企业与客户之间的障碍？怎样确定是什么原因给客户带来困扰和复杂性？

企业总是口口声声称要了解自己的客户，它们开展调查、在网上追踪客户、汇编数据库、举行焦点小组讨论，但这些并不是了解真实消费者行为的有效手段。那些冷冰冰、硬邦邦的数据根本无法改善消费者体验，除非加入想象力和同理心后再去做这件事。你可以试着注入自己的想象力，利用调研、观察、人类学等方式完成这项任务 [①]，但更重要的是要有同理心。那些高度重视同理心的公司，通常能带来更好、更简单和更令人愉悦的客户体验。

谈到同理心，最关键之处在于客户所处的环境和背景。有时候想要充分理解这种背景，最好的办法是把自己置身其中。以充分具有同理心著称的设计公司 IDEO，曾与一家医院合作，帮其简化和提升客户体验。IDEO 的设计师们真的就以患者身份住院，从患者的视角去观察医院所有事务。他们在调查中发现，病榻上的患者经常要盯着天花板很长时间，因此建议装修病房天花板，或者更好的办法是利用天花板发布患者状况。[9]

大部分公司一直局限在自己的商业思维中走不出来，而同理心需

[①] 如何用人文科学思维洞悉消费者行为，解决棘手的商业难题，推荐阅读由湛庐文化策划出版的《意会时刻》。——编者注

要想象力，现实生活经历能够成为锻炼想象力和获取洞察力的良好工具。这种现象在热门真人秀节目《卧底老板》（*Undercover Boss*）中得到明显体现，在节目中，CEO 匿名伪装成自己公司的职员，到各个部门卧底工作，了解一线的各种状况。这些 CEO 通过直接经验学会用同理心进行换位思考，而不是通过各种商业理论和数据。美国制服生产商 UniFirst 的 CEO 罗纳德·克罗蒂（Ronald Croatti）在自己的公司里卧底工作时，利用从一线工作中获得的洞察力亲手改变了一部分生产流程。他发现在熨烫浸湿的白衬衫时很难扣紧领扣，就试着用暗扣换掉纽扣，从而提升了熨烫线的工作效率，一个小小的简化工作带来了巨大的产量。

人类学研究一般是指对某类人群进行参与式观察，这种方法在商业上也非常实用，但是一些关于同理心的基础研究可以运用更简单的技巧，比如用户角色类型。用户角色是对不同类型客户特质的模拟和演示。基于不同用户的动机、收入、性别、地域、消费习惯、驱动模式等，其角色属性的定义也各不相同。通常，我们建议在用户角色属性研究中加入"信息偏好"和"渠道偏好"，这能够反映出客户偏好的沟通类型和沟通媒介。例如，对于一家华尔街经纪公司而言，了解客户是喜欢直接在网上交易还是通过经纪人进行交易很重要，因为这将在公司简化客户体验中起到关键作用。

社交网络出现之后，企业聆听客户心声的机会从未像现在这样丰富，而且是真正地倾听客户的渴望、需求和梦想。但我们需要铭记一点：

利用新媒体和客户沟通与在线追踪客户有很大的不同。侵犯客户隐私可以说一点都没有同理心，事实上，这种方式最终会拉大企业与目标客户之间的距离。

要想呈现清晰且简洁的信息，最有效的办法是去了解受众并且尊重受众的多元性。然而，令人讶异的是，政府机构出于好意创建的很多项目和活动却令受众难以理解。例如，困难家庭学生可申请免费午餐。下面这个问题对于中产阶级出身、受过良好教育、出生在美国本土的设计者而言，可能比较直接，也很常见，但对于一个新移民者来说，则令人感到害怕和厌恶：

> 如果您帮助申请免费午餐的是流浪儿、移民儿童或者离家出走的儿童，请拨打电话：555-5555 转 555。

以上写法很容易让人误认为，如果回答了这个问题，政府就会派人上门——不是前来救助，而是带走这个孩子。

不管初衷多么积极有益，如果缺乏对文化差异和目标用户心态的认识和尊重，好心也可能办坏事。例如，美国曾开展过一项促进少数族群社区使用儿童安全座椅的活动，过去几年一直收效甚微，但在得克萨斯州达拉斯市的西班牙裔社区却是个例外，推广效果出奇得好。原因何在？是因为活动执行人员将自己融入了该社区文化之中。他们发现，传达这条信息的最佳途径就是将社区宗教文化信仰与活动内容相结合。例如，在当地教堂，神父们在分发儿童安全座椅前，要在宗教仪式上对座椅进行祝福和祈祷。要想摸透家长们使用儿童安全座椅的动机，就意味着要去研究他们的价值观，而不仅仅只是考虑他们的文化素质。[10]

从客户角度进行考虑

从理想角度说，所有企业提供给客户的东西，从产品、服务、网站，到寄给客户的每一封信函或者票据，都应该充分地从客户角度进行考虑。我们在与各种组织或者公司打交道时，也希望对方能够尊重和照顾我们的感受，这些都可以在细微沟通和日常交流中体现出来。从清晰明了的说明手册，到能够轻松阅读和理解的报表和票据，可以有很多种方式让客户感受到一家企业对他们的理解和尊重。

我们时常感到惊讶的是，很多公司往往不惜血本打造自己的品牌形象，却又把顾客沟通环节搞得复杂烦琐，导致之前的努力毁于一旦。事实上，企业与客户之间的每一种沟通媒介，包括邮件回复、报表、合同、提案、说明、应用程序、电话客服，都比广告更具号召力，毕竟这是更加直接和个人化的接触。这些极易被忽视的"接触点"都应该被当作重要问题对待，因为这是影响企业与客户关系成败的关键（见图3-1）。企业在与客户的接触中应该传达出一种信号，表明这个产品或服务专为客户定制，而且每种沟通方式都应该充分体现出品牌精神和特质。

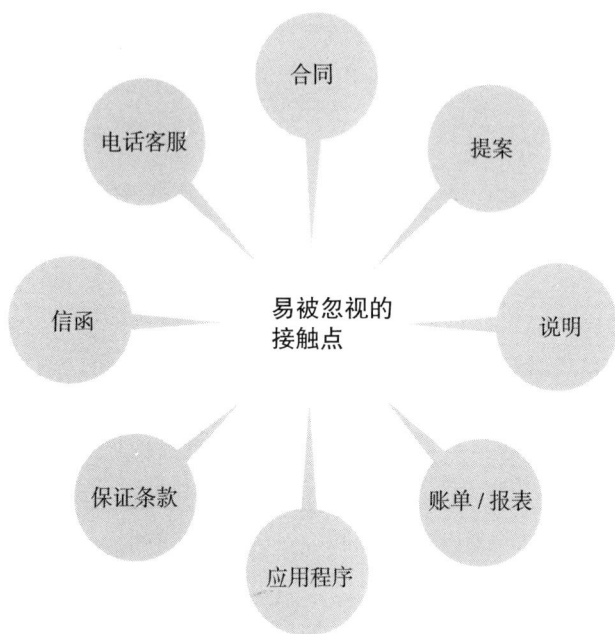

图 3-1　企业与客户接触中极易被忽视的接触点

　　这里面存在一种循环效应。销售合同、保险条例、法律协议和产品说明之类的东西，通常都很难懂并且令人头疼，所以人们天然地倾向于不喜欢甚至忽视这些东西。企业也往往不愿意花费时间和金钱去把这些东西进行简化，因为它们认为"反正顾客也不在乎这些"，于是造成了企业对与客户沟通时的轻蔑态度，认为这些复杂性不过是一些文书工作而已。企业把文件和网站的设计工作委托给律师或技术人士，这些人与其说是创造，不如说是修改，最终导致客户沟通变得冗长、无序、混乱并且多余。而且这个过程不断循环往复，那些容易被忽视的接触点逐渐演变为企业和客户日常交流的核心，给企业带来了诸多麻烦。这一切导致企业与客户之间建立信任度的重要机遇慢慢流失，最终结果是客户流失。

与其让企业自己宣称"非常善于商业合作"，不如让客户自己体验到底如何。因此，企业一定要把握细节，重视每一次沟通表现。那些在简化沟通中表现优异的企业，事实上在电话客服上并没有花费多少时间和金钱，也不会令客户感到困惑甚至恼怒。我们发起的"复杂度投票"活动显示，那些表意不清的产品说明书，害得客户不得不主动联系产品制造商或销售商，这些客户以后也不会再从该公司购买其他产品了。

有时候，就算你尽最大努力尽量简化各种沟通环节，顾客还是会打来电话。这时候，我们的建议是接起电话，尤其是当你本身就是一家电话公司时。我们的一位客户是一家电话公司，它想把账单上的客服电话取消，因为担心上面的电话号码会"鼓励人们打来电话"。如果一家电话公司都不想让顾客给它打电话，这其中肯定不对劲。

S简法实践
imple

> 对于客户来说，通常最简单的沟通方式是直接跟企业里的人对话。然而，企业却把这种方式当作一种优待。市场营销博客作者奥克曼（B. L. Ochman）指出，《财富》50 强中只有 3 家企业在网站主页上公布了电话号码，有些甚至连联系方式都没有。[11]

这是企业拉开与客户之间距离的另一种方式，它们在自己与客户之间竖起了一堵墙。这堵墙也许是自动应答的层层电话树，也许是外包的电话客服中心，也许是其他试图避免直接人类接触的方式。滑稽的地方在于，很多自动工具本是用来简化商业流程的，但是它们最终却产生了相反的效果。科技是很了不起，但是如果客户有了特殊的问题或者麻烦，最简单和最令人满意的方式通常是人与人之间的直接沟通。

简化客户服务的同时发挥人的作用，这是完全可行的。ING 银行拥有高效精练的运作模式，但仍鼓励顾客带着问题和麻烦打电话咨询。西南航空尤为擅长精简操作流程，但在提升与乘客的人际沟通上决不偷工减料。

如今人们普遍认为，企业必须要最大限度地削减成本，尤其是在拮据时期。我们上面提倡的理念似乎与此相悖。简化的确是降低企业成本的一种有效方式，但是如果相应地降低客户服务水准就不行了。当企业试图通过外包客户服务、设置烦琐电话树或者拿模版信函回复客户时，它们就失去了与客户发展有价值关系的机会。

此外，如果你真诚看待客户服务，实际上可以提升商业效益。英国客户服务咨询公司 Harding & Yorke 所做的一项研究显示，如果企业重视客户服务并且为客户着想，包括鼓励电话服务中心的员工花费更多时间与来电客户沟通，并且尽力了解客户的问题，那么往往能够获得更丰厚的利润。[12]

　　同理心这个概念的重要性近些年来才开始为企业所信服。对于那些一直把客户看作"指标"的企业管理者来说，下定决心激发自己的同理心算是迈出了很大一步——这不只是一种软性的人文情怀，更是实打实的商业实践。而且，这也是朝着简化主义目标前进的关键性的第一步，并为继续迈出其他更重要的脚步打下了坚固基础。

04

精练，优秀的设计需要必要的舍弃

一旦你理解了客户的真实需求，就能从他们的角度出发，帮忙做出最佳选择。简化，就是要组织、编辑并且精练诸多令人不堪重负的选项和抉择。

Simple

Conquering the crisis of complexity

Simplicity is an exact medium between too little and too much.

简洁，不偏不倚地处在太少和太多之间。

——英国18世纪画家乔舒亚·雷诺兹

谷歌搜索引擎刚刚问世时，并不是市面上第一个向用户提供搜索服务的产品，但是谷歌迅速超越其他竞争对手获得了大众认可。多年来，不少观察者注意到，谷歌的成功与它简洁的主页设计密不可分。事实上，在我们所做的一项涉及全球 6 000 多家企业的"思睿高 2011 年全球品牌简化度指数"调查中，谷歌公司位居榜首。人们把谷歌选为第一，正是因为它提供了一种清晰、简洁和有价值的体验。[1]

为什么只有谷歌的搜索页面如此简洁、干净？其他搜索引擎公司为何不干脆效仿？如果"少即是多"，为什么不干脆少提供点东西呢？这对于搜索引擎公司来说，岂不是一个既明智又轻松的选择吗？

Simple

专注就是说"不"，你必须要学会拒绝。正是专注造就了一批真正出色的产品，一个完善的整体比零散的堆积要伟大得多。[2]

——史蒂夫·乔布斯

事实上，追求简化并不是一件容易的事，这或许解释了为什么谷歌是唯一一家能够提供简洁主页的公司。谷歌到底是如何抵抗住增添主页内容的诱惑的？我们就此访问了谷歌公司总部，并从中发现了一些令人惊讶的事实。

谷歌主页的设计灵感并非偶然拾得，它的简洁性也不是系统的自动默认风格。实际上，谷歌开发了一套缜密的体系，对主页上添加的东西做了严格限制。因此，面对谷歌公司那些创意十足、跃跃欲试的工程师们，谷歌高管们也不得不坚定立场与之对抗。在某些情况下，他们甚至会拒绝来自客户的诉求。

这种坚守底线对抗复杂性的任务，包括心甘情愿地拒绝附加功能、丰富设计以及其他潜在复杂特性，最终落到了当时主管谷歌消费网络产品的玛丽莎·梅耶尔（Marissa Mayer）肩上。当我们问起梅耶尔如何做到这一点时，她提到了一个令人很意外的词，一个通常会从电影选角导演而非科技公司管理者口中说出的词。梅耶尔解释说，任何一个可能会被添加到谷歌主页上的新功能都必须经过一轮"试演"。新功能先被添加到谷歌高级搜索页面进行试用，看其表现如何。假设这项功能在高级搜索页面显示出具有可行性，还要通过一套由谷歌自行开发的严格评分系统才行。这项评分系统的运作方式是：

◎ 字体、字号和颜色上的每一项改变都被赋予 1 分的分值。

◎ 在此基础上依次增加分值，允许增加的最高分值是 3 分。

谷歌主页的评分值可能是公司所有产品当中最低的。正如梅耶尔所言："分数越高，意味着简洁度越低。"

你或许会想，这种删繁就简的方式会造就一种简洁朴素但忽略人性化需求的主页，但谷歌主页绝非如此。每天有数百万用户登录谷歌主页，就是为了一睹其不断变化主题的标志性图案。谷歌公司明白，主页上元素太多可能会显得过于琐碎拖沓，但是拥有一些能够传递品牌个性的特色产品至关重要，哪怕只是一些细微但很有趣的元素。从很多方面来说，谷歌搜索就像牙膏管一样，是一种功能载体，但是，正如梅耶尔所言，"想象一下，如果你的牙膏管拥有出乎意料、异想天开的设计，那会是什么感觉"，那会彻底改变你对牙膏制造商的印象。

谷歌如此执迷于简化主义，拒绝被任何人改变，哪怕是自己的客户。例如，谷歌曾做过用户调查，询问他们是否愿意在每页显示更多的搜索结果，用户们永远都回答说愿意，毕竟谁不想从更多的结果中进行选择呢？但是，梅耶尔说："我们不能令他们如愿。"谷歌明白，提供更多的搜索结果意味着加载时间增加、运行速度减缓，并最终导致用户流失。"用户往往不会理解他们的选择带来的后果，但这是我们的工作职责，"梅耶尔说，"我们发现，每页显示 10 个结果最合适，因此我们决定不再改变了。"换句话说，谷歌敢于为客户提供"更少"，哪怕客户要求的是"更多"。

简化，在很多情况下，就是要缩减所提供的东西，从而有针对性地服务于客户需求。成功的简法践行者会精练自己所提供的东西以供人所用。而"精练"正是简化过程中的最大挑战之一，因为它要求你在面对增加、扩张和复杂性的持续诱惑时，保持专注和维持原则。

任何人想要创造出简单的东西，不管是产品、交流方式、服务，还是客户体验、法律规章，在涉及编辑、精练，或者用一个狠点儿的词"砍"时，都必须学会冷酷无情。好莱坞电影工作者经常使用的一句行话叫作"砍掉你的孩子"，尤其是当一名编剧不得不忍痛割爱，删掉自己最钟情的那部分内容时，比如一幕华丽的场景、一个古怪有趣的角色或者是一句令人叫好的台词——只是因为它们没能推动故事情节发展。如果电影工作者不能合乎要求地"砍掉自己的孩子"，他们最终将会制作出内容拖沓、长达4小时的电影，观众们也会不胜其烦，看完电影后恨不得讨回浪费的时间和票价。同样地，当对产品、服务、沟通过程甚至整个商业模型进行简化时，除了当一个无情的"杀手"外，别无选择。

真正的挑战在于，要懂得舍弃和保留，了解哪一部分是必不可少的，哪一部分又是可有可无的。企业可以通过市场调查和客户反馈帮助自己认清这一点，但是更重要的一点是，要注意客户并不总是正确的，正如谷歌公司进行的客户调查。人们总是倾向于想要"更多"，即便这不一定会给他们带来好处。而营销者也总是倾向于提供"更多"，期望以此获得更多销量。

在一定程度上，消费市场对于简单的追求，实质上可以归结为短期冲动和长期兴趣之间的对抗。美国罗德岛设计学院院长前田约翰（John Maeda）长期致力于极简主义风格的研究，他指出大多数人都渴望拥有更多，并认为"越多，越安全"。一名消费者在做出购买选择时，那些拥有更多功能的产品可能看起来更具吸引力，但是一旦购买完成，那种吸引力不一定能够继续维持。据前田观察，"在冲动的欲望驱使下，人们想要更多，但在日常使用中，希望越简单越好"。[3]

当那个多功能产品被带回家后会怎么样？通常是，人们不知道该拿它怎么办。有一项研究发现，全美被退货的小型工具中，有一半都完好无损，只是消费者不知道该怎么操作。这项研究还发现，大多数美国人只愿意花 20 分钟时间钻研一个新工具的操作要领，之后还没弄懂的话，往往会就此放弃并且决定退货。[4] 美国每年由于退货造成的损失高达 1 000 亿美元。

这还不算退货过程中企业受损的品牌信誉和消费者忠诚度。不少曾被过度复杂的产品惹恼的消费者表示，从此再也不会选择购买该品牌。他们还可能不愿再购买任何高科技的玩意儿，扬基集团（Yankee Group）所做的一项调查表明，在不愿购买电子产品的消费者中，有一半认为该产品可能操作过于复杂。

这可给产品工程师和市场营销人员出了一道难题。可用性测试专家贾斯珀·冯·奎克（Jasper van Kuijk）是荷兰代尔夫特理工大学研究员，与飞利浦以及其他公司密切合作多年。他观察发现，如果企业将产品设计得简单易用，消费者们更愿意去使用和享受该产品，从而有助于提升消费者满意度，进而促进品牌长久的成功。"如果一家企业追求短期效益或者快速销售，那么简单并不一定会带来成功，因为它可能满足不了消费者的购买需求，"冯·奎克说，"事实上，商业上最具吸引力的东西仍然是更多特色和功能，因此如果将产品局限在最基本功能的话，可能会是一种冒险的销售策略。"[5]

此外，提供"更多"的压力不仅仅来自消费者。从市场的角度来看，所有企业都试图超越自己的竞争对手，也非常努力地去吸引更多的潜在消费者——毕竟，谁又知道哪一种附加功能会促成销售呢？因此，数码相机上有了越来越多的按钮，提供了更多方式去取景、变焦和编辑，操作手册也变得越来越厚。而这一切，最终导致相机被主人束之高阁。

保持简单

多年前，Pure Digital 科技公司与 Smart Design 工作室联合推出便携式摄像机 Flip Video。这是一款颇具极简主义风格的产品，机身除了一个红色大按钮外再无其他，你只需要按一下按钮就可以开始或者停止摄像，该产品被《华尔街日报》盛赞为"绝妙简洁"。[6] 据冯·奎克观察："Flip 在刚推出后好评如潮，因为当时很多摄像机制造商都在生产精致复杂的产品，它们往往拥有强大的变焦功能和极高的像素。

而 Flip 没有任何特殊设置，基本上人人都会用，哪怕是幼儿园里的小朋友都会用它来拍摄录像。"

当然，这种纯粹至极的简单并不是偶然为之。Smart Design 工作室的纳萨·谢帕德（Nasahn Sheppard）表示，在 Flip 的整个研发过程中，"我们一直在自问，'还能再去掉些什么'，而不是'还能再添点儿什么'"。

的确，Flip 产品的开发过程从头到尾都有一种内在驱动力：保持简单。这是一种由同理心带来的洞察力。通过广泛的调查，Pure Digital 和 Smart Design 的研究人员注意到，摄像机制造业存在一个业内似乎不愿意承认的严重问题，或者更确切地说，是大家选择性忽视的明显事实，那就是人们现在都不怎么用摄像机了，因为摄像机太复杂、笨重、庞大，并且也不便于"捕捉珍贵瞬间"。人们需要那种随时随地能够从口袋里掏出来立即使用的摄像机。正如冯·奎克指出的，摄像机制造商陷入追求产品功能的军备竞赛中，却忘了最基本的一点："最好的相机就是用户会随身携带并且经常使用的那一台"。

Smart Design 工作室的理查德·怀特霍尔（Richard Whitehall）表示，正是这种意识驱动了 Flip 产品的整个开发过程。每当有人想要在产品上增添一种功能或者按钮时，就会被提醒该产品背后的主要目的——简单易用。"在产品的早期开发过程中，你必须在设计理念中清晰表明这个核心目的，并且得到所有人的认同。"怀特霍尔说。这是避免"功能堆积"现象的唯一方式，毕竟这种情况常常不自觉地发生。"即使你刚开始只是想解决一个主要问题，"怀特霍尔说，"但是在这个过程中，你肯定会意识到，'哎，好像还可以解决另外一个问题呢，还有一个好像也行，说不定这能吸引更多客户呢'。所以你经常会问，'成本预算是多少？'"

Pure Digital 和 Smart Design 的工程师和设计师们都不得不随时提醒自己以及老板：要解决的主要问题是，人们的摄像机常常"错失美好瞬间"。因此，Flip 的制造者要遵守一条"神圣法则"：产品必须十分简单易用，要让任何顾客在接触到 Flip 摄像机的 30 秒内都学会如何操作。

要创造出一个简单的产品并不容易。这需要不断权衡留下什么并舍去什么，同时还需要找到产品质量和功能之间的正确平衡点，即产品到底应该具备哪些基本功能，并且还必须简单易用。除此以外，产品的包装设计也很重要：一个简单的产品应该从外表看起来也是如此。苹果公司的成功，在很大程度上也归功于产品将质量、多功能性、易用性和简洁、优雅的外观完美地结合在一起。

Simple
优秀的设计就是通过必要的舍弃来赢得客户的信任。[7]
——Twitter 创始人杰克·多西

Flip 摄像机的设计者希望产品不仅外观简洁，同时还要简单易用，并且能够拍摄高质量画面，因此他们很注意控制附加功能的开发。Flip 摄像机只具备两个基本功能：拍摄优质画面，轻松上传到视频分享网站。为了方便上传，产品本身包含一个内置 USB 连接，用户可以在拍摄完成后直接将其连接到电脑上，不需要内存卡、连接线、软件、磁盘等任何其他东西。

Flip 制造商专注于视频质量，而非花里胡哨的装饰物，最后开发完成的产品有口袋大小，虽然外观还可以更加小巧轻薄，但是 Pure Digital 决定采用一种高质量镜头，因而保留了产品的厚度。毕竟 Flip 摄像机在保持简单的同时，也必须实现优质。因此，设计者还开发了一种自动曝光控制程序，以确保画面在各种光线条件下保持平衡协调。这需要一些复杂的工程技术，但透过产品外观完全感觉不到。这种曝光控制在产品内部自动完成，使用者无法察觉也不需要进行任何操作。在这方面，设计者们遵循了最基础也最重要的一个简单设计原则：尽可能把复杂的东西从使用者的眼前和操作过程中移除。

Flip 上市 6 个月就卖出了 200 万台，成为市场上最受欢迎的摄像机。2011 年 Flip 的市场份额高达 37%，但此时发生了一件令人意想不到的事：思科公司收购 Pure Digital 后宣布，不再继续生产 Flip 摄像机。这么简洁完美的产物，并且如此畅销，怎么会遭遇停产呢？

一种说法是，这个全世界最简洁的摄像机被简法践行者史蒂夫·乔布斯击败了。2011 年年初，乔布斯琢磨出了把高质量摄像技术植入最新版 iPhone 中的设计方案。此举可能令思科公司相信，Flip 摄像机命不久矣，毕竟说到底，如果智能手机能直接摄像，用户何必再另外买个摄像机呢？不过，这个问题的答案实际上取决于人们是否认为世界上还需要有专门的产品提供简单优质的功能。iPhone 功能众多，其中有些功能还十分强大，而且 iPhone 自带的摄像机也很容易操作，但是比起业已消失的可爱的 Flip 摄像机，比那红色按钮操作更便捷的能有几个呢？

谢帕德坚持认为，就算 Flip 和 iPhone 硬碰硬地直接竞争，表现也未必会差到哪里去。有时候，人们就是想让电话只是电话，摄像机只是摄像机而已。谢帕德拿亚马逊的 Kindle 电子书阅读器举例："Kindle 本来可以具备更多功能，但是亚马逊在设计上体现了节制，让其保持简单的功能，专注于为读者提供长期阅读的愉悦感。有时候，把一件事情做到极致，比同时做好 5 件中不溜的事情好得多。"

这令我们想到此后出现的极简手机品牌三星 Jitterbug 和 John's。荷兰手机品牌 John's 的联合创始人海因·梅菲森（Hein Mevissen）和迪德里艾克西·博克（Diederiekje Bok）发现，目前市场上智能手机的功能泛滥成灾，他们不禁发问：为什么手机不能只用来打电话？要那么多功能干吗？

于是，在当时市面上一堆主流手机品牌如摩托罗拉 Droid X2、HTC Evo Shift 4G、三星 Galaxy S II、黑莓 Curve 中，出现了这样一款功能超级简单、名字也很普通的手机。John's 界面上只有一副超大字体的数字面板，以及两个代表"接听"和"挂断"的图标键。当然，它的主要功能是拨打电话，但更重要的是它避免了智能手机上一系列令人头疼的复杂设计所带来的问题，比如拨号困难、电量消耗过快、信号差等。John's 手机可以持续待机一个月，并且能够在全球各地接打电话。这款手机受到"反智能手机"人士的热烈欢迎，而且似乎是专为小学生、视力衰退的老年人和手指粗大人士专门量身定制，当然也可以说是为名叫"John"的人专门准备的。它的风格体现在"不废话"——打电话，说话，挂电话。[8]

让客户感到"得心应手"

另外一件有趣的事是，一个试着去简化智能手机的人嫁给了最初发明智能手机的人。爱琳·哈里斯（Arlene Harris）的丈夫马丁·库珀（Martin Cooper）在 20 世纪 70 年代为摩托罗拉公司开发出了第一代手机。手机的诞生最初是为了能够让人们随时随地接打电话，后来逐渐增加了很多功能，最终成了"智能手机"，但是爱琳洞察到了想让手机回归最基本功能的客户的需求。于是她与韩国三星电子公司合作，创造了 Jitterbug 手机。这部手机与 John's 一样具备简洁的特征，但又更进一步，能够充分满足老年人的需求。[9]

Jitterbug 手机对于老年人来说方便易用，当然，对于其他人来说也如此。这款手机有一个内嵌式听筒，可以罩住耳朵以减少外部噪音，另外还有音量调节功能，能够提高声音的清晰度。但这款手机最有意思的地方在于它缺乏的功能。它完全没有任何图标，没有需要按住若干秒才能开关机的按键，也没有任何密码设置，因为有些老年人记不住这些东西。

此外，Jitterbug 手机还避免了用户阅读麻烦的说明手册，以及在购买手机后花几小时进行程序设置。客户只能通过电话或者网络从 Jitterbug 母公司 Great Call 购买这款手机，其客户体验过程高度定制化，比如真人客服代表会根据购买者实际使用的功能定制程序，甚至会在手机邮寄前将用户经常拨打的号码输入手机中。

Jitterbug 手机的一个设计理念是，所有操作过程必须让客户感到得心应手，因此他们极富创造性地使用一种可折叠的"配方卡"作为说明书，每张卡片上只详细介绍一种功能。通过这种方式，邮寄给用户的手机中包含的说明书只与买家事先选择的功能有关。同时，他们还在研发一种贺卡大小的单张账单。

为了满足 55 岁以上用户市场的多样化需求，Jitterbug 还定制生产了两种不同版本的手机。一种配有标准按键的键盘，而另一种则被称作"一键式 Jitterbug"，只有 3 个键——一个紧急报警电话、一个客服电话和一个定制按键。这个版本是为那些自己认为不需要手机但是他们的孩子却觉得有必要的老年人准备的。

我们喜欢 Jitterbug 手机的一切，包括它的名字，设计者哈里斯告诉我们，选择这个名字是因为"Jitterbug 让人联想到吉特巴舞的欢快舞步，听起来让人情不自禁想笑"。但是，真正打动人心的是其中体现出的为老年人着想的同理心。Jitterbug 手机理解并且预料到了老年人的需求，产品是为用户解决老难题，而不是增加新难题。如今一些最能体现简化理念的产品，多出自针对老年人需求的创新者之手，这一点是完全合乎逻辑的。当你为老年人设计产品时，不得不学会简化，这其中有一种内在原则，鼓励这些产品和服务的制造商们学会化繁为简、专注重点和清晰表达。但是，随着复杂性危机逐渐吞噬我们生活中的各个方面，不管是什么年龄段，我们都将面对 Jitterbug 和 John's 试图去解决的同样问题。

选择总是一种好东西吗

有这样一种观念：相对于无穷多个选项，有时候有限的选择反而更好。这本不算是一种激进观点，但是不知为何，在我们当今的文化中却显得相当非主流。如今，不管是消费者还是企业都认识到，在自由社会的自由市场中，"选择"总是一种好东西。但是，当具有充分"自决权"的高尚目标遭遇决策过程中的复杂现实时，最终的结果是，人们会不堪重负并且不敢坦承自己的困惑。

提供无穷的选择也是推卸责任的一种便利方式。这给商家或政府的懒惰提供了完美理由："我们不想花太多时间去考虑人们真实的期待和需求，然后缩小选择范围以最大限度地迎合他们，于是干脆提供一切。"

Simple 简法实践

> 一间普通的西夫韦超市（Safeway）里约有 40 000 种商品。"其实只要 4 000 种商品就已经可以满足 95% 的顾客的需求了。"索萨利托管理咨询公司（Sausalito Group）的咨询专家彼得·西利（Peter Sealey）表示。

索萨利托公司是一家备受业内推崇的管理咨询公司，该公司 CEO 兼创始人彼得·西利致力于倡导简化主义已有数十年。西利在可口可乐公司任高管的时候，曾目睹各品牌经理之间的激烈竞争和扩充产品类型的军备竞赛，由此对简化主义的力量深有体会。"有段时间，可口可乐公司一个品牌下面就有 67 个品类，"西利说，"之所以会这样，是因为品牌经理认为，'如果增加多一些口味和包装，今年就会卖出更多商品'。但年复一年地如此增加，到最后就是一团混乱。"[10]

力图给顾客提供所有东西，其实是一种很差劲的商业模式，这会令顾客感到无所适从。由于无法下定决心做出选择，干脆一概说"不"。商品在商店里泛滥成灾，会破坏顾客的购物体验，而且更重要的是，会导致商家在管理和盘点存货时也非常低效。Trader Joe's 连锁超市就意识到了这一点，因此决定将超市的购物流程化繁为简，控制在一个更加便于管理的程度。

Trader Joe's 连锁超市在全美约有 350 家店，被《财富》杂志授予"全美最受欢迎的销售商之一"称号，原因就是它"把食品采购从家务琐事上升到了文化体验"。[11] 而 Trader Joe's 的秘诀之一就是比其他超市提供更少的商品——相对于其他超市的 40 000 种商品，它大约只有 4 000 种。

既然采用了精简供货的模式，Trader Joe's 就需要从顾客的角度出发做出明智选择。公司对顾客做了大量调查以了解顾客的好恶。顾客喜欢优惠的价格，带点趣味和新奇的口味，因此 Trader Joe's 采购了一些具有异域风情的食物，并且采用了好玩、奇妙的包装。

精简商品之后，Trader Joe's 超市营造了一种社区市场的氛围，并在经济上获益良多。Trader Joe's 超市的平效非常高，一部分原因在于，如果提供更少的品牌，那么每个品牌的销售量就会增加，反过来，这意味着超市从供应商那里拿到的进价折扣也更多。正如《财富》杂志指出："这使得从理货到收银的整个商业过程都变得异常简单。"

渐渐地，我们发现各种零售商都开始接受这种"少即是多"的商业策略，那些仓储式连锁店也开始进行小型店铺试点，专卖店则缩减了商品的数量。最极端的例子是日本的一家零售商，每天只提供 3 种商品，目的就是让客户能够将注意力都集中在商品本身。[12] 通过这种方式，零售商摇身变成"博物馆策展人"，他们向顾客传达出这样一种理念：我们已经进行了精心筛选，将为您呈现出我们认为您最感兴趣的东西。

不只是那些商品积压的店铺需要优秀的"策展人"去简化顾客体验，互联网信息也同样甚至更需要进行过滤。哈佛大学商学院教授雷·韦弗（Ray Weaver）发现，如今最为成功的一些互联网公司，尤其是 Facebook，其角色就是一名"博物馆策展人"。韦弗指出，我们参观大型博物馆时，"希望能有专家作为向导，因为这会使我们的参观经历更有目的性，也更有意义"。我们没时间去看完所有东西，所以策展人要帮我们做出筛选，舍弃那些不重要的东西，告诉我们哪些东西值得去看，并且解释为什么这么做。[13]

同样，Facebook 的成功也在于它具有"策展人"能力，从而帮助用户避免与纷繁琐细的互联网信息打交道。韦弗表示："Facebook 对互联网环境的控制力，比如将网页搜索、内容和邮件归置得有条不紊，体现了互联网上难得的简洁有序。"

不过，如果"策展人"不具备编辑、提炼和选择等能力，这种模式可能就行不通了。Facebook 所做的一系列改版惨遭失败表明，即便该公司最初以简法践行者形象登场，但为了满足 8 亿用户的各种需求，它还是受到了复杂性的诱惑。

2011 年秋，Facebook 网站改版时，新闻博客网站 Mashable 所做的一项投票显示，75% 的 Facebook 用户讨厌新版网站设计。[14] 其中一名呼声最大的批评者克里斯·泰勒（Chris Taylor）还历数了 Facebook 如何把种种简单设计变成过于复杂的版本。Facebook 推出的新功能 "Ticker" 位于页面右侧，能够让用户发现好友实时在做的所有事情，泰勒在 Mashable 网站上对此发表言论："如今的 Facebook 主页右侧挤满了各种令人分心的东西。"同时，Facebook "不满足于只有'点赞'这个功能"，还要增加 "Facebook Gestures"（点评）功能，除了"点赞"以外，用户还可以发表其他各种表情和手势。此外，在新版网站上，用户除了可以将某人"加为好友"，还要考虑是否订阅他们的"动态"。[15]

在泰勒和其他批评者的眼中，Facebook 最糟糕的新版功能就是"时间线"，这种功能通过年代顺序把用户的整个人生故事展示给别人。即使对于 Facebook 上那些具有"分享强迫症"的人来说，这个功能也"透露出太多个人信息"。《纽约时报》专栏作家戴维·波格（David Pogue）虽然不像泰勒那样气恼，但也抱怨"Facebook 新版越来越多的障碍让本来简单的操作变得复杂了"。[16]

为什么 Facebook 要改变原本优秀、简洁的设计？泰勒的观点是，因为它无法抗拒诱惑。这家公司聚集了太多急于炫耀自己开发的新功能的工程师，同时，公司的营销人员也在寻找获取客户信息的新方式以吸引广告商。

创造出最有益的客户体验

企业所做的有关筛选和精简的决定，不应该基于工程师和营销人员的个人意愿。每一个决定的出发点应该是试图创造出最有益的客户体验。

要弄清楚怎样实现这个目标并不容易，但是比起过去，如今有更多的工具和方法去解决这个难题。各种 APP 就是积极的反映。APP 通常都在手机上操作，由于屏幕尺寸有限，所以开发商不得不精简自己提供的信息。有意思的是，比较同一个公司的网站和 APP，比如彭博资讯公司，你就会发现，通常 APP 更加紧凑、简洁并且实用（见图 4-1），而网站则显得杂乱、模糊、分散人的注意力。网站往往给人带来太多视觉冲击，而且公司的各个部门都可能在争抢主页空间。而 APP 的吸引力在于其专一性，它们一般只有一个或几个主要目的，而且 APP 很有视觉吸引力，往往让人感觉醒目、简洁和愉悦。当企业彻底领悟到这一点时，就会将简单和明晰的力量运用到其他客户沟通环节上去。

新科技的诞生，也让企业能够基于每位顾客的偏好去精简、筛选和定制自己提供的产品或服务。在线音乐服务网站 Pandora 提供的个性化网络电台服务就是一个很好的案例。[17]

如果我们把简化看作是缩短提供者（卖方）和接收者（买方）之

间距离的一种方式，那么有很多办法可以实现这个目标。卖方可以通过清晰的沟通和简单的选项，让买方轻松意识到自己想要买什么。但是科技的介入使另外一种方式成为可能，那就是创造一种"决策过滤器"，直接为客户带来完美的选择，从而帮助客户避免做出一系列费劲选择。

图 4-1　彭博资讯的 APP 截图

Pandora 联合创始人蒂姆·威斯特格林（Tim Westergren）兼具技术和音乐产业背景，他的目标就是通过计算机算法把听众的个人品位与特定歌曲及音乐人配对。该网站为每一位听众打造了一系列个性化电台频道，为他们提供自己偏爱的音乐类型。

威斯特格林面临的挑战在于提炼音乐的精华。他发起了"音乐基因项目"，其结构性基础源自一种生物学观点：如果你能编写出音乐的基本元素——节拍、音调、旋律，就能确定哪一种组合符合特定听众的口味并且预测他们喜欢的音乐类型。

威斯特格林把这个系统称作"从成千上万首歌曲中捕捉大量音乐学细节的手工音乐分类法"。所有这些"手工分类"都是由该公司的音乐学专家完成的，专家们研究歌曲并且将每首歌曲分解出数百种显著特征，比如是弱拍吗？由特别的乐器演奏吗？主唱的嗓音沙哑吗？

这听起来像一个复杂的任务，事实也的确如此，但是对于听众来说却简单完美。Pandora曾经开发出一种"绘制音乐基因图谱"系统，用户只要在Pandora网站上输入自己喜欢的音乐的基本信息，比如《芳心之歌》（ Mood Indigo ），网站就会自动生成"芳心之歌电台"，提供与该歌曲"基因"类型相似的多个曲目。用户在Pandora上输入的信息越多，网站根据用户的音乐品味提供的个性化曲目就越优质。

有一种观点认为，音乐爱好者希望网络音乐服务商提供的曲目数量越多越好，但Pandora的运作方式显然与此相悖。的确，其他网络音乐服务商拥有比Pandora大得多的曲目库，听众可以获取数百万首歌曲。但是威斯特格林并不在意库存的大小和曲目的多寡，他告诉《纽约时报》："这看起来似乎有点'反常识'，但是我们更加致力于增加真正优质的音乐。"

Pandora 如今已经拥有超过 4 000 万用户，并且正在测试"智能筛选"方式是否能够拓展到音乐之外的领域，比如喜剧节目。毕竟，如果你能排列出一首歌曲的基因图谱，那为什么不试试幽默笑话呢？如果可以的话，其他很多东西是不是也可行呢？这种基因识别方式似乎可以顺理成章地运用到其他很多服务上，从而也可以在其他领域简化顾客的决策过程。

让顾客决定自己需要多少信息

如果能够找到精简和筛选大量信息的方法，几乎任何商业体系都能从中受益，尤其是金融服务机构。每个投资者都要面对上千种选择和无数种可能性，因此很难做出决策。多年来，我们跟华尔街各种经纪公司合作，帮他们重新设计客户账单，在此过程中，我们一直强调筛选信息非常必要，而且客户对于信息的需求量和他们拥有多少资金并没有直接关系。有些人天生就是偏好更多细节的"爱记账"类型，有些人只想要大概信息。这些性格特质跟一个人的财力如何没有太大关系。很多金融机构不听我们的建议，执意给更富有的客户寄去事无巨细的信函，直到我们遇到总部位于圣路易斯的爱德华·琼斯公司（Edward Jones）。

爱德华·琼斯公司是全美拥有最多分支机构的金融公司，它把自己的客户当作活生生的"人"，而非一纸账户。该公司坚守一个理念：

让客户自己选择账单中需要的详细程度。客户可以根据信息详细等级
选择三种不同类型的账单：

◎ 简略信息账单。账单只有一页内容，其中包括较少的账户数据，
更多的是定义、标注和实用的解释内容。这种账单比较吸引那
些初涉金融市场或者对相关知识了解不多的客户。

◎ 优选信息账单。主要针对那种对金融市场有一定了解但仍依赖
专家建议和指导的投资者。这种账单上包含附加内容，如收
益／损失信息，并且默认发送给那些没有特别指定信息详细程
度的客户。

◎ 深度信息账单。主要是善于分析型投资者较感兴趣的内容，包
括债券期限安排、针对目标配置模式和当前账户资产分配模式
的资产配置对比图。选择这种账单的投资者，往往对自己的资
产、交易和投资潜力深切关注并且精于该项技能。

客户到底会怎么选呢？有趣的现象是，90% 的客户选择优选信息
账单，只有 5% 的人会选择其他两种。我们访问了爱德华·琼斯公司
的合伙人兼项目经理丹尼尔·布尔哈特（Daniel Burkhardt），发现他对
这种倾向很有洞察力，"优选信息非常简单易懂，完全侵噬了简略信
息的市场。毕竟，如果能够读懂中等程度的账单细节，消费者会感觉
更加安心"。

这表明，不管处在什么水准，金融机构的客户都希望获得经过一
定精简但还不至于失去关键数据的信息。爱德华·琼斯公司此举的妙

处在于，创造了不同程度的"过滤器"，然后让客户选择最适合自己的那一种。

要记住，底线是：不要想当然地认为，给客户提供的越多，就越能帮上他们的忙。当你提炼出所提供的产品或服务的精髓，即便表面上看来给客户的选择更少，却更有可能为客户提供更纯粹、简单和满意的体验。

很多人误认为创新和简化之间存在冲突，他们认为想要更进一步，就必须在现有基础上增加更多内容。但有时候，学会舍弃也是一件重要的事。

05

明晰，找到独一无二的表达风格

信息泛滥是导致复杂性的主要根源。

Simple

Conquering the crisis of complexity

More important than the quest for certainty is the quest for clarity.

比追求准确更重要的是追求明晰。

——法国设计师弗朗索瓦·戈蒂埃

是什么激励人们走上简化之路？对于黛博拉·阿德勒（Deborah Adler）来说，这是一项个人使命。由于药品标签混乱不清，威胁到了家人的身体健康，因此阿德勒决定做些什么。[1]

当时，阿德勒的祖母突然生病，主要症状是胃部不适，却查不出确切的病因。最终，医生发现了症结所在：祖母误服了祖父的药物。经过治疗后，她很快恢复了健康。

当时阿德勒正在读研究生，她不禁纳闷：怎么会发生这种药品混淆的事？于是她查看了祖父母的药柜，发现了答案。药柜里有一排棕色的小药瓶，它们几乎一模一样，每个瓶子上贴有药品标签，上面的小字模糊难辨，即使对于年轻的阿德勒来说，也无法准确识别。

阿德勒展开调查，发现了一些有趣的现象：大部分人都误服过药

S简法

物，至少超过一半的美国人都有过此类遭遇。尽管如此，人们却从来没有考虑过，对于这些已经沿用了数十年的药瓶上的难读标签能做些什么改变。因此，阿德勒自己设计开发了一种新型药瓶和标签，并对样品进行测试，试图解决这个难题。

阿德勒开始着手研究普通药瓶标签上的小字。她刚好学过设计，她告诉我们："但凡有点常识的人都能看出来，标签上的信息量太大，而且组织结构完全杂乱无章。"唯一的例外，是大部分药品标签上最显眼的部分就是制药厂色彩缤纷的巨大商标，而对于患者来说，这几乎是最无足轻重的信息了。

阿德勒试图重新组织药品标签上的信息，使其在结构上更具逻辑性，内容上主次更加分明，让患者拿到药品后第一眼就能识别最重要的信息。她还查阅了心理学上的认知模式，也就是人们吸收和组织信息的方式，发现对于提供给用户的信息，有一点非常重要，就是要分清轻重缓急，做出合理排序。因此，阿德勒认为药品标签应当突出以下 3 个重要事实：

◎ 药品适用人群；
◎ 药品名称和剂量；
◎ 药品服用方法。

阿德勒用一条粗黑线条把药品标签平均分成两部分，重要信息都显示在上半部分，其他信息都归入下半部分。

114

接下来，阿德勒决定重新设计药瓶形状。阅读传统圆柱型药瓶的标签时很费劲，因为它们环绕药瓶一周，你得一边读一边转动药瓶。阿德勒想，药瓶为什么不能是扁的呢？于是她采用了一种扁管状的药瓶，这种药瓶可以瓶盖向下竖立起来，这样一来，药瓶上就有足够空间贴一张扁平大标签，患者一眼就能看到重要信息。

一想到自己的祖母曾经把药瓶混淆的事，阿德勒就觉得，对于共用一个药柜的多名家庭成员来说，辨别不同的药瓶十分重要。她又想到自己和丈夫通过不同颜色分辨各自的牙刷。"既然如此，为什么不能通过颜色区分药瓶呢？"于是，阿德勒为每位家庭成员设计了不同色彩的识别环。

最后一个改变是关于药品标签上的警告，这通常是困扰患者的主要原因。阿德勒与设计师梅顿·格拉泽（Milton Glaser）合作，把传统药瓶上的说明换成了更加直观的新型图示，比如"孕妇禁用"的警告换成了显示孕妇轮廓的插图。

阿德勒最初只把"创建更加简单清晰的药品包装"当作自己的研究生论文，但后来一发不可收。2005年，她把自己重新设计的药瓶样品展示给塔吉特超市，塔吉特买下了这个创意，并且迅速生产了一批新药瓶推向市场。自此以后，阿德勒创造的药瓶系列一直被塔吉特超市使用着。

阿德勒自己的生活也被她创造的药瓶改变了。如今，她经营着一

Simple 简法

家设计公司，主要致力于简化和明晰各种医疗产品和服务，从医用绷带到医疗导管，无所不包。"如今的医疗保健行业充斥着大量复杂性，"阿德勒对我们说，"有时候，治疗过程难免复杂，但是预防过程往往需要简洁清晰，这样人们才知道自己应该做什么，不应该做什么。"在谈到如何实现简化时，阿德勒说："我认为简化源于同理心和洞察力。以我个人为例，当我在医院里四处走动时，我会密切关注哪些地方存在问题，哪些东西还有改善的空间。这就要求我设身处地地从患者角度进行思考，想象自己处在他们的位置时会面对哪些问题，比如当他们打开药柜拿药的时候，哪些东西阻碍了他们？我们能够对此做些什么？"

阿德勒的故事表明，当复杂性侵入我们的生活，它们的触角伸到我们的家中甚至药柜中时，会造成什么后果。这绝不是一个孤立的偶然案例，发生在阿德勒祖母身上的事，也时常发生在其他很多人身上。健康研究组织 NEIH 所做的一项调查表明：由于人们无法理解药品说明，美国平均每年造成的医疗损失高达 2 900 亿美元。[2]

我们再看看其他患者受到困扰的来源，可以说正是这些复杂性助长了上面提到的危机：

◎ 人们对于警告标签上的标识毫无头绪。正如《纽约时报》指出的，美国食品和药品管理局对药品警告标签没有统一标准，也缺乏监管和审核，更糟糕的是，这些标签上还使用令人无法辨认的小号字体和令人困扰的图标。比如一张标签上画着太阳被一条斜线穿过，本意是警告人们服用该药品时应避免在日光下持续暴晒，但是不少人都认为这个图标的意思是"不要把药品放置在阳光下"！[3]

◎ 人们对于不断加长的药品副作用列表应接不暇。现在，平均每张药品标签上会列出 70 种可能导致的副作用。这些标签把那些十分罕见的副作用和主要的副作用全部列在一起，让人们不堪重负，最后干脆直接全部忽略。[4]

◎ 人们无法（或者不会）通读药剂师开具的药品说明手册。如今的消费者在购买处方药时至少会收到 3 种不同的说明书，分别来自制药商、美国食品和药品管理局以及药店。这些说明书中充斥着大量信息，有些信息甚至互相冲突。因此，很有必要采用单页信息表去替换掉那些长达数十页的药品说明手册和使用指南。

以上是制药产业面临的严峻事实。但是，含混不清的说明信息不仅仅体现在药品标签上，还反映在商业、政策和日常生活的方方面面。如今，有太多的企业和政府机构提供产品和服务时，在与客户或者民众的最基础的信息沟通环节上问题不断。

打算在汽车内安装一个安全座椅，这听起来似乎并不难吧。但是根据一项调查显示，80% 的儿童安全座椅出现安装或者使用不当状况，而问题的根源就在于安装手册。[5] 这些安装手册的内容相当于美国十年级学生的阅读理解水平，但是至少一半美国成年人的阅读理解能力都在该水平之下。

那么停车这件事难不难呢？如果你在纽约开车的话，就必须学会"破译"图 5-1 所示的街头路标。这个路标看起来似乎有点可笑，但是数百美元的罚单可能会令你笑不出来，说不定车子还会被拖走。当然，运用科技应当可以解决这个问题，比如驾驶人员通过智能手机扫描路标，获得基于日期和时间的定制信息，从而弄清楚当时是不是可以放心停车。

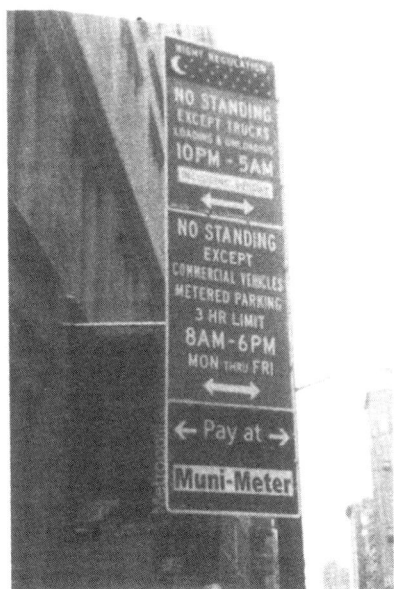

图 5-1 纽约街头的路标

含混不清的指示还会带来更糟糕的后果，它们不仅会掏空你的钱包，还有可能让你丢掉性命！2006 年 9 月，南美洲一架莱格赛 600 私人喷气式飞机撞上一架波音 737 客机，导致 154 人丧生。据《名利场》杂志的一篇"揭秘报道"显示，当时两名飞行员驾驶着莱格赛 600 喷气式飞机，"飞机从根本上来说操作简单，并且拥有很多电子功能，不过大部分操作按钮都是内嵌式的，具有一定的隐蔽性，很难一眼识别"。这也导致两名飞行员无法弄清楚一个简单的问题："离目的地还有多远？"因为电脑屏幕上显示着：

> 运行时间，全程时间，当地时间，推出时间，释放时间，起飞时间，在途时间，到达时间，剩余燃料维持时间，中断时间，各种预期时间……其中甚至还有格林尼治标准时间。

当两位飞行员在摸索和搜寻自己需要的信息时，不小心关闭了飞机上的空中防撞系统应答机，该仪器主要用于将飞机自身的定位信息发送给地面和其他飞行器的防撞系统。这样一来，这架喷气式飞机对于其他飞机而言就是隐身的了，以致最终酿成悲剧。[6]

那架喷气式飞机航行管理系统的最根本问题在于，提供了过多信息，而非真正解答问题，正如那些混乱不清的药品标签和停车路标。驾驶飞机的飞行员、在纽约街头寻找停车位的司机、从药柜中取药的祖母……这些人有一个共同点：他们试图寻找清晰和便于理解的指令，帮助自己在这个复杂的世界中找到方向。他们需要的是信息，得到的却是数据，是那些没有头绪、不加过滤、杂乱无章、结构混乱、形态各异的数据，从根本上说，这些数据没有任何意义。

建立信息等级

我们该如何从这堆浩繁的数据中获得有用信息呢？正如上一章讨论过的，一部分挑战在于语言表达问题，但这只是一部分而已。为了实现明晰，我们必须要对信息进行设计和改造，必须组织、强调和突显信息。

在处理复杂的大量信息时，首要任务是全面整理并对信息进行优先级别排序，用设计学术语说，就是建立"信息的等级"。这需要我们深入挖掘全部信息，提炼出最有意义的部分，分清主次，并且据此进行排序。这决定着药品标签、指导手册、票据清单、网站地图以及任何媒介内容的组织架构。

厘清组织架构的一个关键点在于考量用户需求。正如阿德勒着手改造药品标签时，所做的第一件事就是把自己置于祖父母的角度思考问题。她自己也亲自实践，打开药柜，尝试在一排药瓶中搜寻自己想要的那一种。这让阿德勒拥有了一种现实生活视角，而这往往是沟通设计过程中最容易被忽视的部分。

在企业和政府的各种文件中，缺乏洞察力可以说屡见不鲜。以美国联邦医疗保险手册为例。该手册承诺"如今的医疗保险就是要让人们拥有更多选择"——尽管这也可以说是更多困惑。选择一直被盛赞为好东西，因为人们的自由意志能得以充分发挥，但是太多差异微小甚至千篇一律的选项实际上毫无用处。这本手册里充满了冗长的官话，其中还包括"人寿保险有效时间"和"可持续医疗设备载体"之类的专业术语，并且存在结构上的问题：读者还没有弄清楚关于联邦医保的最基础内容，就被大量的选项和细节所淹没了。

这本医保手册最缺乏的就是对现实状况的考量。人们只会在问题出现时才翻开手册查找具体答案，而不会像读小说一样从头看到尾。尽管该手册拥有整整 4 页内容和各式标题，但如果有人不小心丢掉了医保卡，想从中找到解决方案可不是件简单的事，因为这个问题的答案藏在"什么是联邦医保？"这一章节里面。

与此相似的是，人们在查询自己的保险条例时，也并不是闲极无聊的阅读。不少业主保险条例的理赔流程都被排到文件末尾，但实际上，大部分投保人都是在遇到状况时才会翻出保险条例。在这种情况下，他们只想迅速找到理赔信息，因此更合理的安排应当是将理赔信息放在前面，并且突出显示。

如果一份文件的结构非常直观，那么读者更有可能轻松地阅读和理解。不过，你也可以把文件内容尽可能安排得结构清晰、主题突出、段落或章节分明，从而引导读者理解信息。当人们面对毫无逻辑结构的大量信息时，"很容易遭遇认知负荷"，在塔夫茨大学教视觉语言的尼尔·科恩（Neil Cohn）表示："分块表达能够令人们更容易消化大量信息，同时还能让人们把注意力集中在特定内容上。"[7]

这要求我们把信息分解成各个独立的观点或步骤，进行连续性思考，从长篇材料中概括大意并舍弃无足轻重的部分。对于很多人来说，最后一步可能是最难的，因为人们往往倾向于过度解释和过度说明。

不少信用卡合同中也存在此类问题，不只是荒谬的冗长度，合同的信息架构也毫无逻辑性可言。当这些合同内容激增到 30 多页的烦琐条款后，大家就会认为："既然到了这一步，就再也回不去了，我们再也回不到那个合同条款短小精悍的年代了。"当哈佛大学法学院教授伊丽莎白·沃伦（Elizabeth Warren）开始倡导精简合同内容时，来自法律界的回应似乎颇具预见性："信用卡产品的复杂性与生俱来。"哈德逊 - 库克（Hudson Cook）法律咨询公司的合伙人罗伯特·库克（Robert Cook）告诉《美国银行家》（*American Banker*）："再也不会出现只有单页纸张长度的合同条款了。"[8]

不过，就在罗伯特·库克说出这番话的同时，我们却做到了。奥巴马总统当时决意挑战信用卡行业，创造更为简单易懂的合同条款，从而让消费者"无须法律学位或者放大镜就能阅读和理解"，我们决定借此机会放手一试。

我们咨询了消费信贷专家和合同法律师，并与文件设计师和简明英语作家一起合作，研究了几十份来自不同银行的各种信用卡合同，并且审阅了一系列令人十分费解的联邦和各州管理条例。我们明白，要完成这个任务，就必须想办法删除合同上 90% 的常见内容。毕竟，信息泛滥是信用卡合同的另外一个严重问题。因此，随着工作的不断深入，我们更加坚定，必须删去合同中的冗长官话。

我们把自己关在房里废寝忘食，很快就完成了一张仅有 1 页纸并且结构完善的信用卡合同（见图 5-2 ）。

简化后的信用卡合同

本合同适用于本行发放给您的信用卡，适用对象为您本人以及您授权的其他用户。该合同有效期为您开卡之日至卡面上的截止日期。

1 信用卡适用范围
该卡适用于任何接受此卡的机构。

2 信用额度
您的信用额度是5 000美元。
您可以在每月账单显示的额度范围内刷卡消费或预支现金。我行有权随时增加、减少、暂停或者取消您的信用额度。

3 还款
我行将每月发送账单，显示您的刷卡交易和预支现金金额，另附加利息以及其他可能产生的费用。您必须在每月账单还款日期前还完最低还款额。如果您的还款额超过最低还款额度，利息则会相应降低。我行以及您个人都有权出于任何原因随时注销该账户，但您仍然需要偿还全部欠款。

4 利息
每个工作日结束前，我行会在您的账户余额中增加新费用，并扣除我行收到的还款以及其他信贷费用。我行会把最终余额乘以当天的利率，并将新增利息计入余额。我行会将您的还款首先计入利息最高的余额部分。

详细利息如下：

刷卡交易	日利率：0.038% 年利率：13.90%
预支现金	日利率：0.068% 年利率：24.90%
余额代偿	日利率：0.038% 年利率：13.90%
存取支票	日利率：0.068% 年利率：24.90%

5 处罚
如果您未能遵照合同条款，将会产生以下罚款：

逾期还款	39美元
超出限额	39美元
跳票费用	39美元

如果您在6个月内出现了两次逾期还款，我行将会提前通知，将您的利息提升至逾期还款利率水平。如果您连续6个月准时还款，利率将会自动恢复到之前的水平。

6 服务费
我行将对以下服务收取费用：

年费	免收
预支现金费用	费用总额的3%，数额不超过10美元
国外交易	美元总额的1%，数额不低于2美元

7 争议调解
本合同受制于美国联邦法律和特拉华州法律。如果您发现自己的账单有误，请在60天内致信给我行。我行将在90天内解决问题或者解释账单详情。针对任何我行无法解决的争议，由独立的第三方仲裁者进行调解，其仲裁决议将会对我行产生约束力，但不会对您产生任何约束。如果您对第三方仲裁者的决议不满，仍可以寻求法律诉讼。

更多信息
您可登录www.bank.com/cardagreement网站，查看在线合同版本以及您的个人权益，或者致电800-555-5555索要书面合同。

本合同由简化沟通行业领先者思睿高公司书写并设计

图 5-2　简化后的信用卡合同

从一份杂乱无章的原始合同中，我们提炼出了一张标题一目了然、格式便于理解，以及基础价格点、利率和服务费显示清晰的表格。能够取得这份成果，其中关键部分就是运用设计打造视觉清晰度。我们删减了大量数据，最终保留了 7 个重要主题，并对其进行妥善的结构安排。从基础使用开始，到潜在问题／其他相关信息结束，并且标题使用黑体，为使用者浏览和快速理解信息提供了有效线索。

再复杂的文件都可以简化

事实上，无论多么复杂的文件，都可以采用这种格式，简化为一两页纸并且条理清晰的文件，让人们迅速获取需要的信息。《连线》杂志尝试了一个有趣的实验，他们选取了人们普遍认为的最复杂和令人困惑的文件——医疗实验室报告，然后送到设计者手中，看看能否将其打造成轻松易读的文件。[9]

这个测试的结果显而易见，事实证明，就算不是实验室的科技人员，也能理解这份简化后的文件内容。设计者们把一份血液采样测试报告进行了完美简化，这份报告最初包含 30 项测量指标和超过 4 页的烦琐文字描述，最终精简成为以 8 项重要测量指标为主体的单页文件，文件中采用了彩色方框和加粗标题指向每一项重要结果。该文件突出了最重要的相关数据，并且总结概括了较为难懂的测试项目。设计者们还在页面最上方创建了一个概览方框，并配以醒目大标题"结果一览"。页面底部的设计也十分合乎逻辑，该报告不忘告诉读者从以上数据中能够得出什么样的推论（"结果意味着什么？"），并以一系列行动指导结束（"你能做些什么？"）。

我们再拿一份令人望而生畏的标准房屋出租合同为例。虽然很少有人会仔细阅读租约，但还是有必要搞清楚涉及自身的权责关系。纽约一家叫"租客 & 邻居"（Tenants & Neighbors）的租客联盟想出了一种创意十足的方式，令房屋出租合同变得清晰易懂。他们基于出租合同创建出一套简化后的附加内容，这是一套"法律速记卡"，其中归纳了纽约市官方发布的"租客权利指南"中涵盖的所有重要问题，从押金到转租等各种问题无所不包。这套卡片运用了简化其他任何文件的相似设计技巧，包括创建内容梗概，根据主题划分和组织信息，使用色彩和图表等。但它又创造了一种全新的表现形式（见图 5-3）。从使用者的角度来看，这种口袋大小的卡片比起一两页纸的文件，甚至更具实用性。

这种简化租约的设计技巧也可以用在其他复杂文件上，比如智能手机的使用说明书。在 2011 年纽约现代艺术博物馆举办的一次展览上，一款名为"Out of the Box"的智能手机说明手册创意十足，完美简化了老年用户的使用体验。不过，这并不是那种传统的"手册"，Vitamins Design 设计公司的设计师克拉拉·加格罗（Clara Gaggero）和阿德里安·韦斯塔韦（Adrian Westaway）实际上创造出了一种可以被当作说明手册的手机包装，令那些即使对科技一窍不通的用户也可以轻松读懂。两位设计师明白，老年人在学习新科技时常常会遭遇挫折，有时候会在产品包装盒里到处寻求帮助，最终却一无所获。[10]

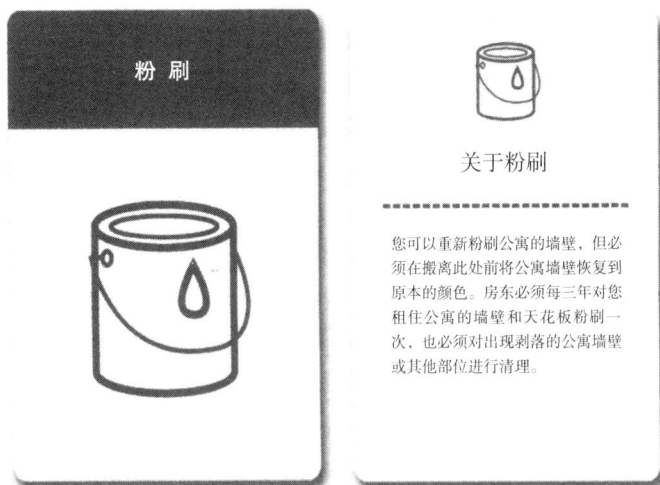

粉　刷

关于粉刷

您可以重新粉刷公寓的墙壁，但必须在搬离此处前将公寓墙壁恢复到原本的颜色。房东必须每三年对您租住公寓的墙壁和天花板粉刷一次，也必须对出现剥落的公寓墙壁或其他部位进行清理。

图 5-3　"法律速记卡"帮助租户弄清楚自己的权责关系

　　为了解决这个问题，加格罗和韦斯塔韦设计了一个手机包装盒，打开后就像一本精装书，手机嵌在正中间。翻开书页就能阅读新用户使用说明，每一页都嵌有手机的真实部件及其安装指导，所有可拆装部件全部集中在这本"书"中。

　　我们跟韦斯塔韦聊了这项创意，他解释说，自己和同事最初打算为老年用户设计简化版的智能手机时，认为可能会设计成 Jitterbug 那样功能单一的定制化极简手机。但是在调查后发现，事实上老年人想要拥有全套的手机功能，比如内置相机、计算器等，只不过希望功能稍微简单点，能够轻松掌握和操作。而且通过近距离深入观察，韦斯塔韦的团队还发现，老年人不喜欢自己琢磨新手机的操作方法（而年轻人则恰恰相反），他们更喜欢采用一种条理清晰、步骤分明的方式慢慢熟悉新产品。这就是为什么那种嵌入说明手册中的手机，会在老年市场上大受欢迎（见图 5-4）。

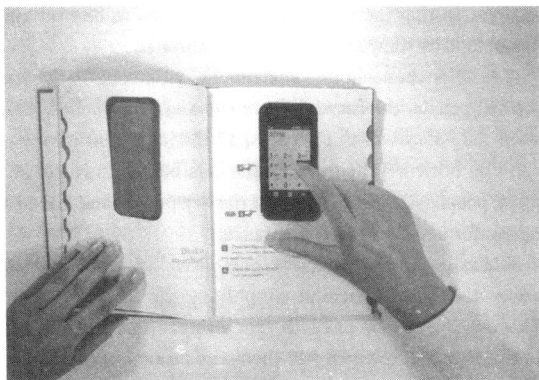

图 5-4　手机被嵌入说明手册当中

简直没有比保险单更复杂的文件了。保险公司通常不愿意从条款中删减任何信息，哪怕那些信息都已经非常老旧甚至过时。保险公司的惯例就是给投保人寄去不断修订的保单和附加内容，而不是一份彻底修订妥善后的保单。这就是保单越来越长的原因，也是如今人们不再阅读其内容的原因。

因此，在全球拥有超过 4 000 万客户的知名保险提供商德国安顾保险集团（ERGO），决定站出来与这种复杂性做斗争。安顾保险推出了一系列新型保单，其中所有的常规保险条款和报表都被删减到该公司认为的最简状态。比如，一份原本 30 页并充斥着各种标准的保单被简化到两页纸长。所有信息经过概括和组织后变得逻辑清晰、条理分明，因此整份保单让投保人在几分钟内就能快速阅读和理解。

安顾保险公司遵循着"简化悖论"理念，即你告诉人们的越少，人们理解得就越多。这家公司相信，当保单长达 30 页时，所有重要信息都将被淹没其中。如果保单浓缩成两页纸的话，人们就会愿意阅读，也能获取关键信息，而且还会对自己所投的险种更加了解。

安顾保险首席营销官戴维·施塔洪（David Stachon）博士表示，简化保单背后的动力源自实地调查。公司搜集了所有常规数据和研究资料，然后派出一个工作小组扛着摄像机走上街头，询问路人对于保险业的看法。通过调查，安顾保险发现人们对于保险公司提供的资料全无头绪，也就是说，这些公司实际上都是在自说自话。因此，安顾保险决定掌握主动权，为自己重塑全新的保险公司形象，理解客户的需求，并且提供客户能够理解的东西。

安顾保险不仅为客户提供了简单易懂的保单，还让企业内部的运营和愿景变得更加清晰透明。施塔洪表示，公司的简化行动对内部文化产生了极大影响。"在安顾保险工作这么多年来，我从未见过公司内部如此活跃和兴奋，"施塔洪说，"公司不少员工都能感受到这个产业以往存在的种种不足，大部分人都很乐意采取行动解决这个问题。"[11]

在把保单浓缩到两页纸的过程中，安顾保险公司不得不考虑应该强调哪一部分内容。优化和总结是强调重点的首要步骤。但是一些设计元素也可以用来突出重点，比如放大字体、加黑加粗、改变颜色等。小号字体的最大问题就在于，缺乏用来突出重点的设计元素。那些密密麻麻的文字排列让人们无法聚焦。换句话说，如果全部内容都突出显示的话，也就不存在任何重点了。

我们来看一张普通的贷款合同简化前和简化后的版本（见图 5-5）。简化前的版本问题在于，所有文字挤在一起试图吸引读者的注意力，但读者根本不知道该往哪看。在简化后的版本中，合同内容变成了主题鲜明、逻辑清晰的流畅版块，读者阅读起来更具条理性，此外页面上还时不时出现提醒人们特别注意的小方框，方框内通常标注"重要"或者"所需操作"等醒目字样。各个主题排列的顺序基于读者对合同内容的熟悉度，还与现实状况涉及的条款相关。

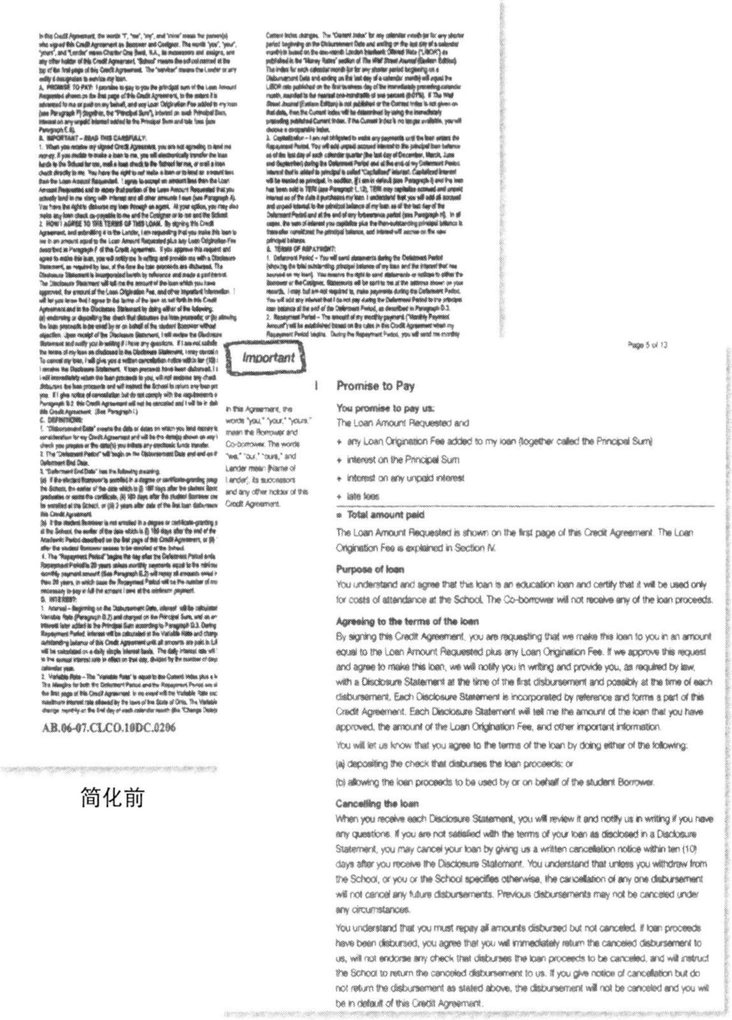

简化前

简化后

图 5-5　一份学生贷款合同简化前和简化后的版本

页面上的字体、字号、风格、位置、对齐方式等任何细微的变动，不管是出于有意还是无心，都会造成内容重点及其传递意义的改变。一般来说，尽量将每页的字体样式控制在 3 种以内，使用黑体字或者斜体字强调重点，但不要滥用。不要随心所欲地使用设计元素，过度强调比起强调不足造成的后果好不了多少，并且还容易让人厌烦。

视觉表达的极简美学

想让客户沟通过程变得明晰，就要约束市场活动中"过分推销"的营销本能，同理，也要抑制法律事务中"覆盖所有风险"的律师天性。明晰沟通的杰出范例最能体现在产品包装上，对客户而言最重要的信息在此全部得以突出显示。在产品包装、广告、文档以及各种沟通媒介中，留白可以说是其中最重要的设计元素之一，因为这样有助于用户集中注意力。

S 简法实践
imple

> 苹果公司的所有产品包装和广告往往出现大面积留白，这并不是偶然为之。"空白区域蕴藏着巨大能量。"苹果的广告总监表示。

采用极简设计美学、保留大片空白区域的产品包装，在市场上一众内容庞杂、视觉混乱的包装风格中能够脱颖而出。比起那些事无巨细地列举产品特色和优点的包装，极简主义风格包装的优势用设计师罗柏·华莱士（Rob Wallace）的话来说就是："鼓励消费者在一张白纸上尽情发挥自己对产品的理解力和想象力。"[12] 李岱艾广告公司（TBWA）全球总监李·克劳（Lee Clow）与苹果公司合作多年，并致力于品牌的营销业务，他表示苹果公司在产品包装和广告上采用大面积留白，是为了巩固产品体现出的简洁明快风格。克劳认为，这样的包装第一时间传达出产品将会给客户带来清爽、简洁和优雅的体验。[13]

这不仅仅关乎美学风格。当消费者在购物过程中查看产品包装时，信息清晰度与产品销量密切相关。雀巢公司的阿曼达·巴赫（Amanda Bach）引用了"4 秒定律"，意思是任何一种产品包装，最多只有 4 秒钟时间吸引消费者的注意力。如果消费者在 4 秒钟内没弄懂包装上的信息，就会转向下一个产品。简单的包装往往更具吸引力，也能够帮助正在寻找该产品的消费者轻松获得相关信息。巴赫还发明了一个公式："混乱 = 困惑 = 恼怒的顾客"，而"简单 = 清晰 = 满意的顾客"。[14]

留白更有效的另一个原因在于它的反数据性。设计者无法舍弃所有信息（当然也不愿意这么做），但是有时候，可以运用直观图表代替文字描述。

视觉表达的吸引力源于人类的生物本能。人类大脑对图像的处理能力优于文字，事实上大脑超过一半的处理能力都花费在图像上面。美国新罕布什尔大学数据视觉化实验室负责人科林·韦尔（Colin Ware）表示，人眼倾向于发现和聚焦在一片混乱事物中较为醒目的视觉刺激物上，具体体现为特别的颜色、形状和样式。[15]

数据视觉化能够将最复杂的概念提炼为直观的图像，也能够将一份绘满图表和曲线图的 55 页文件概括成为网页上的一屏内容。此外，视觉表达的魅力还在于鼓励读者用自己的方式解释图像的意义，填补空白的区域，并且得出未曾明示的结论。

同时，视觉表达还能够将语言无法表述的抽象概念，展现得更为真实直观并易于理解。比如，"信用卡延期还款比一次性全部还清花费更多"，要将这句话解释清楚，我们需要借助信息设计的力量。如图 5-6a 所示，我们用不同的餐盘来展示信用卡交易过程中产生的费用，如何随着还款方式的变化而变化。图 5-6b 主要关注整体的信用卡余额，而非单次交易，并且显示了如果每月仅偿还 294 美元，还款时间将长达 13 年零 10 个月。

视觉表达是一种比较新颖但十分重要的简化工具，因为它能够反映语境，展示原因与结果之间的关系，并且揭示反常现象和流行趋势，否则这类复杂信息可能需要浩繁的数据提供支持。著名信息设计师、在线互动图表数据平台 Gapminder 创始人汉斯·罗斯林（Hans Rosling），利用视觉表达技术绘制了一份收入差距与死亡率的全球长期趋势动态图。《纽约时报》称，相对于"一串令人哈欠连天的人均国民生产总值数据"，罗斯林采用形象直观的动态气泡图传达出了读者需要明白的全部信息，其中每个小气泡代表一个国家，这些气泡随时间演变不断膨胀缩减或起起落落。[16]

一笔62美元的晚餐账单将会花费您：

（a）

还清您目前的账单金额9 811.31美元，需要花费时间：

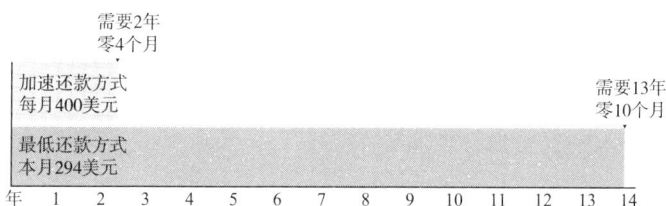

需要2年
零4个月

| 加速还款方式
每月400美元 | | 需要13年
零10个月 |

最低还款方式
本月294美元

年　1　2　3　4　5　6　7　8　9　10　11　12　13　14

（b）

图 5-6　视觉表达示例

　　鲍勃·格林伯格（Bob Greenberg）是数据营销机构 R/GA 的负责人，他预言："数据视觉化将会成为数字时代'下一个大事件'之一，而且对消费者和企业同样重要。"我们还要在此加上"政府"，毕竟政府可以妥善利用数据视觉化来帮助民众充分理解复杂政策。格林伯格指出，金融服务产业的消费者们可能很快就会将该行业的视觉表达视作"福利"。像 Mint.com 这样的金融服务网站，已经允许用户"实时查阅自己的财务数据，并从各项财务账户中收集内容。不仅如此，还可以与本国、本州或者同城的用户进行财务习惯比较"。[17]

视觉表达在医疗保健行业也大有可为。当健康信息以冷冰冰的事实和数据形式展现出来时，人们可能很难理解。"如果一种药物治疗方式增加了某种疾病 17% 的发病率，同时又有 6‰ 的概率导致某种副作用"，这句话到底是什么意思？为了让这些数据变得更加简单易懂，加州大学洛杉矶分校大卫·格芬医学院（David Geffen School of Medicine）的医生团队创建了一个"医疗镖靶"，将医疗过程中可能引发的健康风险做了视觉化表达（见图 5-7）。为什么是镖靶？"把飞镖投掷到靶子上，结果好坏一目了然，这个概念对于很多人来说都不难理解。"医生们在发表到 *PLoS* 医学杂志上的论文中写道。[18]

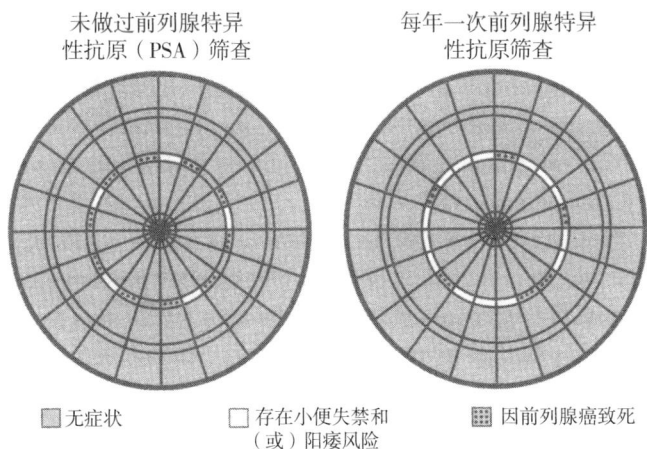

图 5-7　医疗镖靶

视觉表达虽然看起来大有前途，但并不能把我们从冗长的官话中解救出来。美国专利局也创建了一个看起来颇有吸引力、高度视觉化的镖靶界面，并使用具有驾驶舱风格的计量工具对数据进行图解。但是似乎没有人停下来想想，这些计量工具测量的"首次审查通知前的等待期间""新版待审期间""审查至授权所需的通知书量"到底是什么东西？在视觉化图像上使用晦涩的专业术语，成功地给读者带来了一种直觉印象——申请一项专利看起来既神秘又诡异。

只要参照一份典型的幻灯片演示文稿，你就能理解最棒的视觉表达效果跟其他各种沟通形式一样，需要深思熟虑的主题、结构缜密的创意以及简洁清晰的表达。如果缺乏这些，一张幻灯片会变得像布满了 10 页纸的小字一样烦琐含混。这会给读者带来彻底的困惑，以至于连强大的美国军队都不得不举手投降。

多年前，一张混杂了文字、圆圈和箭头的阿富汗军情演示文稿成为有史以来最复杂的图表。据说当时负责阿富汗军事行动的斯坦利·麦克里斯特尔（Stanley A. McChrystal）将军艰难地凝视着这张图表很长时间后，做出如下推论："当我们看懂这张图时，可能已经打赢这场战争了。"[19]

用文字澄清

设计和视觉化只能做到这么多了，剩下的部分取决于文字表达的清晰度。更确切地说，文字应该简明易懂。

如今，我们的生活中充斥了法律术语、企业行话和其他难以理解的术语。我们读不懂或者懒得去读那些劈头盖脸的密密麻麻的小字，但是我们却迫切地需要做成生意、过好生活或者下载那首想听的歌。在这种情况下，不管小字到底是什么内容，我们都一概会选择同意。

我们愈是敷衍纵容，问题就愈加糟糕。如今的信用卡合同长度是20世纪80年代的20倍。消费者权益倡导者伊丽莎白·沃伦指出，过去的合同"告诉客户利息是多少、逾期还款会怎么样……差不多就这么多内容"。其他一堆多余的东西到底有什么用？正如沃伦解释的，"那里正是骗局和陷阱所在"。[20]

就连普通的电话费账单中都充满了晦涩难懂，甚至常常令人误解的术语。你或许曾经收到过某笔账单，上面显示"机体成本回收费用"出现了无法避免的上涨。这听起来官话十足，实际上这只是电话公司运营成本中某项生造的收费名目而已。既然账单中已经有了一堆莫名其妙的收费和款项，再添一项又何妨？

到底怎么回事？是不是现在所有东西都变得异常复杂，塞满了一堆无法避免的术语，因此再也无法把事情表达得更简单了？有些人就是想让我们相信这一点。但是一个不争的事实是：越来越多的企业和政府使用某种表达方式的目的并不是为了清晰沟通，而是利用这种复杂性去隐瞒、迷惑、困扰甚至蒙蔽客户或者民众。

Simple

简明语言是一项公民权利。

——美国前副总统阿尔·戈尔

简化运动的起源

多年来，简化运动主要体现为针对政府、企业和法律术语的语言改善运动。20 世纪 70 年代中期，简化运动开展得轰轰烈烈，那是在越南战争和"水门事件"之后，美国人再也不想忍受毫无实际意义的官话。人们向公共和私营部门呼吁，如果不想彻底失去民众和客户的信任，就要提供更加有效的产品信息、便于理解的表格、能够读懂的条例和简洁清晰的沟通。

在简明英语运动或者说简明语言运动的早期阶段，我们的公司在 1977 年帮助提出了纽约市具有开创意义的简明英语法案。当时，吉米·卡特总统正是简化运动最早期的拥护者。1978 年，他签署了一项具有划时代意义的行政命令，要求联邦政府官员确保各项规章条例"必须使用简明语言书写，并让那些受规章约束的人能够充分理解法规内容"。卡特展开了雄心勃勃的计划，敦促各机构发布更简明的规章和文件，同时他还着手简化纳税申报表和各项指示。

S 简法实践
Simple

"官样文章"（gobbledygook）是个生造词，据传是在 1944 年由一个名叫莫里·马弗里克（Maury Maverick）的得克萨斯州议员"发明"的。他在监管一个战时政府机构时经常遇到各种官僚术语，就一概使用这个词来称呼它们。马弗里克写道："远离那些官话，它们只会让人头大。老天爷啊，就不能把话说短点，讲清楚吗……谁要是胆敢用'激活'或者'履行'之类的词，就立马毙了他！"[21]

　　接下来发生了什么？里根总统上任。1981 年，里根总统废除了所有简明英语法案（不过仍然同意支持简化版的国税局 1040EZ 报税表格）。对于里根总统和其他批评简明语言运动的人来说，这项运动不过是另外一种迫于自由市场压力而生成的对政府管理吹毛求疵的新规而已。简明语言运动在 1998 年出现了一定程度的回弹，当时的克林顿总统呼吁政府部门和机构在所有文件中使用简明语言。时任副总统阿尔·戈尔负责监管政府简明语言训练项目，并且每月颁发"零官话"奖项，以激励那些把官僚话语转变为简明语言的联邦政府公务员。

　　很快到了小布什总统上任，不过这位颇具平民气质的总统并没有把简明语言理念当一回事儿。再然后，奥巴马总统签署《2010 简明写作法案》，该项法案要求政府文件必须使用简明语言写作，规定的文字风格是"简明扼要，结构合理"。

　　卡特、克林顿、戈尔、奥巴马……既然这么多全世界最有权力和影响力的人物都提倡简明语言运动，为什么该行动却收效甚微？原因一部分可能在于这个议题被过度政治化。简化和简明语言不应该是左右翼之争，事实上，所有人，包括企业，都会从更加清晰的沟通中获益。不过，更深层次的原因可能在于，很难对简化立法。立法进行简化的过程中反而可能滋生复杂性。例如，如今的简明语言法案在美国各州甚至不同行业内的规定都不一样。

颇具讽刺意味的是，当倡导简化和清晰的法律被过度强化和细化后，产生了适得其反的效应。企业里开始有专门的律师负责这项工作，而律师们又往往以法律条文为先，而非真正领悟其内在精神。最后，我们得到了一份完全遵照法规简化后的 3 页文件，却更加难懂。在简化过程中，法规应该着力于实现总体目标，而不是生搬硬套一系列详尽规定、硬性要求和可读性公式。总体来说，应当设定宏观目标，而不是指明具体道路。

简化，一种更好的商业策略

当简明语言运动被视作另外一种法规或者制度时，企业的首要考量指标变成了遵从而不是沟通。如果企业能够换一种角度，把简化看作一种更好的商业策略，就能真正诚恳并且用心地去简化和提升与客户之间的沟通。

为什么企业应当对简明语言大加欢迎？这里面存在道德层面和事实层面的两种原因。我们先从事实层面说起。当企业与客户进行诚恳并且清晰的沟通时，结果将会是：

◎ 这种独一无二的特质会为产品和服务赋予更高价值。

◎ 获得更高满意度和知情度的客户将会带来……

◎ 更高的信任度。我们的调查发现，84% 的客户更倾向于信任一家使用简明语言而非行业术语进行沟通的企业。[23]

◎ 更高的品牌忠诚度源自不断增强的品牌信任度。

简明语言会促进"认知流畅性"，这是一个心理学术语，用来表明认识事物的难易度。当我们遇到自己很容易理解的词语和概念时，会更加易于接受，也会产生更强的信任度。认知流畅性研究专家丹尼尔·奥本海默对我们解释说："跟流畅的事物打交道，会令人产生天然的愉悦体验，感觉就像吃了巧克力或者跟狗狗玩耍一样。"因此，除了亲手递上甜品或者小狗以外，简明语言是令客户满意的最佳方式。

同时，这也是一种能让企业主对企业和自己感觉良好的一种方式。除了商业上的考量，简明表达本身也是一件值得去做的事。这不只关乎服务标准的提升，而且能够帮助企业实现最高目标。当一家企业获得了坦率和诚恳的公众形象，企业员工就树立了目标和自豪感，而且会提醒员工不忘初心，继续前行。

话虽如此，但是我们再看看当前事实。尽管简明清晰的表达有这么多好处，但是商业中的冗长官话仍然有增无减。据《华尔街日报》报道，各大商学院为了解决这个问题，已经开始增开简明书写和表达的速成班了，因为不少企业抱怨太多新入职的毕业生满口商学院术

Simple

美国企业的大量季度报表、售股章程、年度报告以及其他各种文档资料都又厚又难懂。我怀疑，大部分东西人们连看都不看就直接扔到垃圾桶里去了。[22]

——美国证券交易委员会前主席亚瑟·莱维特

语。[24] 这可能会在企业内部产生误解，因为含混的语言很难精准表达出清晰的策略和创意。但更糟糕的是，如果企业内部始终运用行业术语进行沟通，在与外部世界打交道时也难免会脱口而出。

对于企业投资者而言，上述现象尤为普遍。我们调查发现，超过65%的投资者认为招股说明书很难读懂。结果，不少投资人都不愿意阅读投资材料。这一点也不能怪他们，尤其当他们遇到下面这封来自狮门影业（Lionsgate）的招股说明书时：

> 注册人在此日期或日期范围内修订股票上市注册申请书，可能需要推迟生效时间。直至注册人提交进一步修订版本并明确指出该申请书严格遵守证券管理条例第 8 章（a）条款的规定，该申请书方可生效；或者当证券交易委员会声明该申请书依据证券管理条例第 8 章（a）条款的规定，该申请书方可确定生效。[25]

如果上面的句子来自狮门影业出品的电影台词，那这部电影可以被归类为"悲喜剧"了。

不过，金融报告和报纸上出现的行业术语又是另外一回事，我们已经习惯了金融人士使用晦涩难懂的金融术语对话了。但是，眼看着越来越多的行话出现在各行各业的客户沟通环节中，令人实在难以招架，比如电话费账单、有线电视费账单、公共事业公司寄来的信函、产品说明手册、贷款申请书，等等。

在一张电话费账单上，"当前费用"一项令人十分困惑，因为该账单包含提前征收的下月费用，对于大部分人来说，那是"未来"，不是"当前"。这份账单接下来还提到"部分月份折扣"和"整月信用"，更是让人一头雾水。

有人情味的沟通

看起来，企业要学会简明表达并不难，难的地方在于如何打破"像企业一样说话"的习惯和传统。企业员工被训练使用特定的嗓音、声调和词汇，他们给客户带来的感受是：我来自一家传统企业，一切都必须照章办事；我代表一个庞大、冷酷的商业实体，而你不过是一个渺小、无助的顾客。

企业如果想提升客户沟通的清晰度，一件重要的事情就是抛弃这种没有人情味、过于正式的风格，并且在沟通环节中增添更多人性化元素。"股神"巴菲特在发表著名的伯克希尔 - 哈撒韦公司年度报告时就采用了这种方式。他在给股东的一封信中说，他在构思报告的时候，"想到了自己的姐姐们，她们头脑非常聪明，却不是专业会计或

Simple

有效写作的秘诀非常简单：跟你的读者对话。想象那些阅读你的信件或者报告的人正坐在你身边。不要太过正式，放松点。

——《说出你的想法》（*Say What You Mean*）作者鲁道夫·弗莱什

财务人员；她们能够理解简明语言，但读不懂行业术语。站在她们的角度想一想，我希望自己传达出来的信息能让她们也可以读懂"。[26]

巴菲特把听众想象成自己的姐姐们，而美国证券交易委员会前主席亚瑟·莱维特（Arthur Levitt，在职期间曾主持开展简明语言行动）告诉《政府行政管理》杂志（Government Executive），每当想弄清楚一份读物是否容易理解时，"我都会想起我的埃德娜姨妈，她能理解这个吗？如果她理解不了的话，那就得重写喽"。[27]

我们大多数人跟埃德娜姨妈差不多，对下面这样的表达方式更有好感：

◎ 短句子。

◎ 使用简单、日常的用语，而不是行业术语。如果必须使用行业术语，尽量解释或者举例说明。

◎ 使用人称代词"我"和"你"。

◎ 尽量使用主动词，少用被动词。

◎ 适当增加一些幽默或者优美的元素，打破文字的沉闷。

企业想要学会清晰表达，就必须找到属于自己的独一无二的表达风格。这里所说的风格不是那种企业惯有的官方腔调，而是能够传达出品牌、企业及其背后员工的理想和个性的独特风格。在企业的各种交流层面，在与客户签署的各项合同中，这种表达风格应当一以贯之。应当教导和鼓励员工使用直接、透明、坦诚和人性化的方式与客户进行交流。无论是在企业博客、办公室内部，还是在销售部门，员工们应当充分拥有表达自我以及品牌个性的自由。

从苹果应用程序商店 APP 上架指南里的一段话中，不难看出苹果公司的品牌个性。

> 我们的应用商店中已经有 250 000 多个 APP。我们不再需要更多无聊的 APP 了。如果您提供的 APP 毫无用处又很没劲，就请别怪我们不能接受。

对此，《金融时报》专栏作家露西·凯拉韦（Lucy Kellaway）表示："这种语气直接、诙谐，带着一种优雅的恐吓性……我发现读起来毫不费力，即便我根本不知道 APP 是什么东西。"[28]

一次，我们通过苹果 iTunes 下载电影时出现了一点问题，在与客服打交道的过程中，我们再次注意到该品牌的人性化特质。客服的反馈信函中使用了聊天式语气，不断提到客户的名字，而且对客户遭遇的难题具有清晰的理解力，甚至为客户提供实用提示以避免下次出现问题，这一切给人的感觉就像一次贴心的谈话而非生硬的回复。总体来说，这是一次清晰、愉快的客户沟通（见图 5-8）。

产品或服务中的瑕疵和误会难以避免，但是企业可以把握与客户沟通的方式，从而扭转态势。2011 年在线影片出租公司 Netflix 突然对 DVD 出租服务涨价并进行结构调整，导致客户怨声载道，事情弄得一团糟。尽管如此，Netflix 做对了一件事，那就是诚恳地致歉。此事充分证明，当企业遭遇麻烦时，使用简明语言才是最佳的表达方式。

与iTunes客服人员的愉快邮件往来，体现了苹果公司充满魅力的人性化沟通风格。

来自iTunes客服人员的友好、主动的服务追踪邮件

艾琳·埃茨科恩

发件人：iTunes Store<iTunesStoreSupport@apple.com>
发送时间：2011年7月31日，星期日，下午1:11
收件人：艾琳·埃茨科恩
主题：答复：我反映的问题不在此列表中，追踪号：162423973

追踪号：162423973

嘿，艾琳：（聊天式语气）

（继续跟进确保客户满意）

我写这封信主要是想确认下您在使用iTunes Store过程中还有没有遇到其他难题。为您解决麻烦对我来说非常要紧，如果您需要任何进一步协助的话，请随时告诉我，千万不要客气。

您真诚的，
拉古纳特
iTunes Store / Mac App Store 客户服务中心

（告知我能够与他进行深入私人沟通的具体时间）

请注意：我的工作时间是每周六至下周三上午7点到下午4点之间。

很荣幸为您提供服务。

亲爱的艾琳：

（迅速亮名身份与客户建立联系）

我叫拉古纳特，来自iTunes Store客户服务团队。在回复您邮件中提到的问题之前，我想先向您致以歉意，请原谅我们未能及时回复您的问询邮件。对于iTunes Store客户服务团队来说，这并不是一贯的客户邮件回复等待期限。只是我们近期正在处理超过预期数量的客服事务，所以非常感谢您的耐心等待。

（我还没有注意到他们回复较慢的问题，这招先发制人策略非常棒）

（详细重述了我遇到的问题）

我注意到您通过iTunes Store租借影片《早间主播》时遇到了一些麻烦。请不要担心，我非常理解您希望尽快解决这个问题，而我将再次全力为您效劳。

（直接称呼我的名字）

艾琳，我已经帮你退回了影片的租金。这笔金额为4.99美元，将会在5～7个工作日内返还到您之前用来支付的银行卡上。

（直接了当的解决方案）

我强烈建议您以后可以先使用电脑下载超大文件比如电影，然后再同步到iPad上观看。因为有时候当Wi-Fi或者网络不太稳定时，文件或影片可能会中断下载，甚至完全无法下载。

（对客户以后下载文件给出实用建议）

艾琳，希望这能解决您的问题。如果您还需要更多帮助，欢迎回复这封邮件继续与我交流，我十分乐意为您提供更多帮助。

感谢您选择iTunes Store。
祝您生活愉快！
您真诚的，
拉古纳特
iTunes Store / Mac App Store　客户服务中心

来自iTunes客服人员的初始邮件

图 5-8　作者与 iTunes 客服人员的邮件交流

Netflix 公司 CEO 里德·哈斯廷斯（Reed Hastings）向所有客户发邮件致歉，邮件开头是这么写的：

亲爱的（××）：

　　我把一切都搞砸了。我欠你们一个解释。

　　仅仅是这种坦承错误的方式，已经足以让人想立即原谅里德·哈斯廷斯了。而这封信接下来又以一种极具人情味和情感化的语气详细解释了 Netflix 的失误。哈斯廷斯提到，他"最大的恐惧"是担心 Netflix 在从 DVD 转型到流媒体的过程中动作过于迟缓，这或许能够帮助用户理解为什么 Netflix 此举过猛。随后哈斯廷斯从道歉转向切切实实的补救措施："所以现在我们打算这么做，原因如下……"

　　看着这封信，我们简直怀疑哈斯廷斯偷瞄过我们的研究报告，该报告显示，发布坏消息的最佳方式就是表达清晰、态度诚恳。这跟企业法务和公关的观点截然不同。他们往往建议，在危机事件中尽量转移话题。这其实没有用，人们渴望坦率的对话，尤其是在艰难时期。事实上，我们发现，如果企业以诚恳和清晰的态度传达坏消息，反而能够增强与客户之间的关系紧密度，这将为状况改善后不断增强的客户信任度打下坚实基础。

简明语言的真实含义

　　在接纳简明语言的过程中，最大的挑战可能在于克服根植于企业文化中的阻力。通常有人会告诉你："在商业领域中，简明语言说不通。"律师对这一套更是老生常谈。

不少企业的法律顾问还没搞懂"简明语言"的真实含义，就开始
对其群起而攻之，认为简明语言是过度简化。实际上，他们忽视了一
个清晰的事实，那就是大部分法律文件可以在保留法律效力或者不引
发诉讼的前提下进行简化。这些律师坚持认定法律术语比简明语言精
准，但是在商业领域中，简化并不一定意味着要放弃法律保障。企业
需要的任何保障、权利或补救措施都可以保留在文件中，我们只是建
议采用一种令消费者更容易理解的表述方式。事实上，这会令企业在
法律上更加安全，因为这能够清楚表明企业从未试图掩盖任何东西或
者蒙蔽任何人。

尽管以上说法合情合理，但在很多企业中，复杂性和法律术语根
深蒂固，如果你试图简化任何东西，总有人站出来告诉你"此路不通"。
这时候，用哲学家尼采的话来说，就有必要"抢起锤子"打碎偶像，
冲破传统的商业教条。有时候，想要说服人们相信简化的力量的唯一
方式，就是不顾一切放手去做。

如果说尼采的哲学理念还不能充分打动你，那就再听听希腊先贤
亚里士多德怎么说。亚里士多德认为，清晰沟通的经典范例基于三要
素：理性（logos）、情感（pathos）
和人品（ethos）。在关于说服力或
是"修辞术"的经典理论中，亚里
士多德提出了3种说服方式，
足以令表达者一举击中要害。

Simple ————

最出色的语言多由朴实无华
的文字写成。
————英国作家乔治·艾略特

◎ 理性：指逻辑和理性，根植于语言本身。

◎ 情感：指感性诉求，直接指向受众。

◎ 人品：指人格和信服力，主要针对演讲者个人品质。

我们回到现代商业社会中再来看这三要素，以巴菲特向伯克希尔 - 哈撒韦公司股东发表的年度报告为例。2009 年，金融危机发生后一年，巴菲特向全体股东致信，字里行间表达出清晰、尊重和简洁——这 3 种要素在如今的金融界可谓稀缺罕有。巴菲特报告开头的几段话完美体现了亚里士多德的"修辞术"三要素。

理性。巴菲特清楚地解释了使用标准普尔 500 指数衡量伯克希尔 - 哈撒韦公司表现的基本原理。

> 我们评估管理层业绩的标准清楚地写入了公司准则。从一开始，查理和我都认为很有必要采用一种合理和稳定的标准去衡量管理业绩。这让我们能够避免业绩达到某种程度后就裹足不前。
>
> 把标准普尔 500 指数作为我们的业绩衡量标准是一个容易的选择，因为我们的股东几乎不用花费任何成本，就可以通过持有指数基金来获得相应的业绩。他们干吗要付钱给我们来仅仅复制那个结果呢？

情感。巴菲特在演讲中提到一名数学家以及乡村音乐，由此激发了听众的情感共鸣。

> 伟大的普鲁士数学家雅各布……建议人们在解决复杂问题时"逆向，再逆向"。（我发现这种方法在解决其他日常问题时也十分有效：反过来唱一首乡村歌曲，你就能很快重新获得自己的汽车、房子和妻子。）

尽管身居高位、富可敌国，但巴菲特的这段玩笑话让听众感受到了他个人轻松诙谐的一面。就像他在演讲中直接说"查理和我"，而不是副董事长和CEO。

人品。巴菲特的个人魅力毋庸置疑。他不仅仅是这家公司的CEO，更是一名金融天才。毕竟，"奥马哈先知"这样的绰号并非浪得虚名。

通过在演讲中引入理性、情感和人品三要素，巴菲特把复杂的语言和难懂的概念表述得清晰明白，令观众轻松理解，也充分发挥了自己的个人魅力。事实上，这份伯克希尔-哈撒韦公司的年度报告已经成为企业沟通的优质范本，以至于每年二月，不管是股东还是其他员工，都非常期待聆听这份报告。

亚里士多德的经典演讲方法能否普遍适用于所有企业沟通中，这一点仍然值得探讨。事实上，理性（确保沟通信息具备逻辑和常识）、情感（以同理心对待客户需求）、人品（在与客户沟通中保持正直、诚实和透明）三者的结合提供了一个可靠的模式，而这种模式已经稳固运作了数千年之久。

S简法实践
imple

很多人认为，在报告或者写作中使用华而不实的语言会显得更加"聪明"。但是丹尼尔·奥本海默对此做了一项测试，他摆出不同复杂程度的文字作品，让读者判断作者的智识水平。结果如何？文字越复杂，读者给出的作者智识水平评分就越低。[29]

Simple

Part 3

简法的实践

Conquering the crisis of complexity

"自上而下"与"自下而上",复杂组织的简化

企业实行简化势在必行。要做到这一点,
离不开来自企业高层的承诺和清晰的目标,
以及渗透整个企业内部的简化主义文化。

Simple

Conquering the crisis of complexity

Don't make the process harder than it is.

不要把流程搞得比之前还要复杂。

——通用电气前CEO杰克·韦尔奇

到底一家企业能否改造自身，将简化主义理念融入其文化基因中？

多年前，我们受邀到纽约参加一个活动，活动现场布置得宛如天堂，飘逸的白色窗帘，奢华的白色沙发和白色地毯，人人都身着白色礼服，谈论赞赏着简单之美。我们甚至还遇见了一个拥有"首席简化官"头衔的家伙。饰以闪耀珍珠的大门上悬挂着这次活动的主题：简单之约。[1]

这场活动由飞利浦公司赞助，这是一次企业文化转型的盛典，标志着飞利浦自此从研发主导型企业转变为客户主导型企业，并将全心全意追求简化主义。对于这样一家每年提交 3 000 项专利的全球科技巨头来说，复杂性几乎是无法避免的事实。但是飞利浦公司时任 CEO 杰拉德·柯慈雷（Gerard Kleisterlee）想从根本上改变公司。管理团队开始寻找一种恰如其分并具有竞争力的企业定位，从而让这家生产从煎锅到磁共振成像设备的企业，既有内部一致性，又有独一无二的风格。最终，一位高管开玩笑的一句评论，"如果有一天飞利浦的所有事务都变得简单，那就算得上是一个转折点"，成了企业变革的战斗口号。由于当时企业的状况与简单相差甚远，这个理念同时成为灵感和焦虑的源头。

飞利浦管理委员会花了一年时间调查市场对企业新定位的反应，并评估了转型的程度。管理委员会对 1 650 名消费者和 180 位企业客户进行调查，请他们帮忙指出飞利浦应当着力解决的有关客户服务的重要问题。不出所料，过度复杂性和对技术的胆怯成为人们最在意的问题。飞利浦确信已经探明了大众的普遍需求，继而开始着手应对策略。

至此，一场涉及多个层面、分布广泛并且持续不断的产品和流程的系统转型，在飞利浦公司内部轰轰烈烈地开展起来。公司各个部门，包括财务、设计、市场、通信、人力资源，全部接受了一套简单的指导方针：

◎ 以人为本的设计风格

◎ 使用方便

◎ 技术先进

在这次"简单之约"盛会上，飞利浦展示了仍处在研发阶段的新产品带来的冲击力。这些产品的共同特征是使用方便，并且设计简洁。举个例子，为什么要通过重新粉刷一整面墙去测试新涂料的颜色？何不手持涂料芯片对准射灯上的传感器，激发灯泡模拟涂料颜色发出相应光线，魔幻般地改变整个房间的颜色？至于那些难以忍受的远程遥控器，在飞利浦的"简单"世界里，那些布满按钮的遥控器被只有一个按钮的识别器取代，所有功能仍然一应俱全。客厅里留给家庭成员的提醒便条被一个触摸传感器取代，客户可以徒手在墙上的信息板上留言，然后通过点击家庭成员的照片将信息传递过去。

产品设计的变革只是一个开端。跟飞利浦公司时任首席营销官芮安卓（Andrea Ragnetti）聊过后，我们发现简化行动已经渗入了飞利浦内部的方方面面。过去，飞利浦招聘一名新人需要花费两个月时间，如今只要一周就够了。过去的幻灯片展示要花上几个小时，如今则限制为每份报告 10 张幻灯片，这样一来，每年共缩减了"数十亿张幻灯片"。在公司架构方面，原有的 13 个部门削减到现在的 5 个。财务报表也经过内容重写和格式调整，使之更容易被理解和执行。

此外，从客户的角度来看，飞利浦极大地拓展了简化主义的内涵。它把"简化"定义为"消灭人们生活中所有的麻烦事和障碍物"。如今，飞利浦的企业宗旨是：主动寻找给人们日常生活带来各种不便

Simple

> 伟大的领袖大多是伟大的简法践行者，他们能够穿透争吵、异议和怀疑，提供一个众人都能理解的解决方案。
>
> ——美国将军科林·鲍威尔

的事物，然后运用自己强大的知识和资源去消除这些障碍。

这是一个野心十足的目标，飞利浦最终是否能够取得成功，让我们拭目以待。但毫无疑问的是，飞利浦为企业界的简化行动提供了一种实用典范。它做出的头一件正确的事，就是从企业上层开始支持简化行动，对于任何一家希望在企业文化中注入简化理念的公司而言，这一点都应当注意。像首席营销官芮安卓这样的高管被赋予唯一职责，向企业全体部门发出号召，把简化作为一项严肃任务坚决贯彻下去。为了防止员工产生懈怠，飞利浦每年两次对全体员工进行调查，确保他们领会企业理念，并且坚守品牌承诺。事实上，员工总是能快速完成长达 500 个条目的"简化成果评分表"，并能够提出促进变革完成的一系列改良建议。

与此同时，飞利浦在这次纽约盛会后向全社会公开了简化承诺，并开展了一次主题为"精于心，简于形"的大型营销活动。芮安卓认为，通过这次大胆的公开宣言，飞利浦将会迫于公众压力，迅速转型并实现目标。荷兰代尔夫特大学学者贾斯珀·冯·奎克研究飞利浦多年，并曾与之合作多个科研项目，他发现，当飞利浦试图简化自身时，采用了一种自上而下的方式。该公司从管理层和宏观层面出发，明确表示"简化至关重要"。同时，公司也采取了一种从外到内的方式，通过举办"精于心，简于形"这样的市场营销活动，向外界表明简化是他们珍视的价值，也是他们即将采取的行动。

在前面几章中，我们指出简单是持续不断地运用同理心、精练和明晰才能获得的产物。如果逐一对每个项目进行管理，就能创造出更加简单的独立产品或服务。但是真正的挑战在于，如何将这些准则始终如一地贯穿到组织内部各个层面？因为这才是更高水平上的简化。如果能够实现这一点，企业及其文化将被注入一种新的精神，从而确保所有行动、流程和决策都必须接受简化镜头的审查。

与其问怎样开始转型，不如先问必须从哪里开始。答案是"从上层开始"。在我们见过的几乎所有成功完成简化任务的企业中，强大的高层管理者们都对制度性简化做出了深刻、坚定的承诺，从而引领这项变革。当高层管理者开始相信简单和明晰的力量，并且不容该项努力产生偏差时，员工就无法躲藏在繁文缛节的背后，或者把行业术语当作挡箭牌。相反，如果高管们不把清晰作为目标定位，那么员工们很有可能会选择复杂性丛生的那条轻松道路。

复杂性，CEO 面对的最大挑战

高层管理者应当拥护简化主义，这话说起来容易，但事实上，很多 CEO 都已经清楚意识到复杂性给企业带来的挑战，但不知道该如何应对。IBM 公司完成了一项涉及 1 500 名 CEO 的全球性研究，发现大部分参与调查的企业领导者认为，不断增加的复杂性是他们面临的最大挑战。同时，IBM 的研究者还发现了他们所称的"复杂性缺口"

现象，即 80% 的 CEO 预计自己所处的环境会逐渐变得复杂，但只有不到一半的人知道该如何处理这个问题。[2]

这些 CEO 最好能想办法解决这个问题，因为另外一项由华威商学院发起的独立研究表明，复杂性让企业付出了昂贵的代价。华威商学院调查了全球 200 家大型企业，发现这些企业平均年利润的 10% 被白白浪费了，这意味着每年超过 10 亿美元现金被虚耗了，而这一切都源于过度复杂的流程、臃肿的产品线和不断增加的管理层级。该项研究还揭示，在最复杂的公司里存在着多达 16 级管理层，而这种现象并不罕见。

这种组织架构上的复杂性是企业历经发展、扩张、收购和多元化的天然副产品。华威商学院的研究参与者西蒙·克林森（Simon Collinson）指出，"有些企业想要做太多事情，或者涉入过多市场领域"，以致最终深受复杂性之害。另一个值得指出的问题是，这些企业中的从业者往往"对所有事物进行过度构建，以证明自己的存在感"。[3]

与此形成鲜明对比的是，苹果公司由于心无旁骛，使得产品线一直能够保持简洁和可控。史蒂夫·乔布斯曾指出，苹果公司的成功在很大程度上归功于"对 1 000 种东西说不，从而确保公司不会误入歧途或者好大喜功"。他还表示，"我们常常考虑可以进入哪些新市场，但是只有学会拒绝，才能将注意力集中在那些真正重要的事情上"。[4]

乔布斯明白，企业如果无法专心致志，就会遭遇干扰、困惑，导致质量下降甚至停滞不前。它们将会忽视最为重要的优先事物，而跟烦琐复杂的官僚体系搅成一团，最终与主流市场渐行渐远，有时甚至连自家的产品和经营模式都无法把控。

企业领导者该如何引导自己的企业远离复杂性诱惑呢？IBM 那项涉及全球多名 CEO 的研究表明，"创造性领导力"十分有必要。这要求领导者们勇于采取行动，以简化主义重建组织架构和内部流程，同时还要充分理解和服务客户需求，从而重塑客户关系。该项研究发现：

> 最成功的企业往往和客户共同创造产品和服务，并将客户融入企业核心流程中。它们不断采纳新方式去吸引并维护客户。成功的 CEO 从可用数据中获得更多洞察力，并将客户关系作为首要优先事务。
>
> 出色的领导者会从企业、客户和合伙人的利益出发，处理好复杂性事务。他们通过简化操作过程和产品、不断增加灵活性，从而改变工作方式、获取资源并且进入全球市场。相较于其他 CEO，灵活的 CEO 预期未来将会从新资源中增加 20% 的营收额。

如何处理企业中的复杂性，我们认为可以分解为一系列具体措施。

首先，高层管理者们必须接管并且全力负责关于简化的全部事

Simple

我们有一个硬件部门，一个软件部门。不像那种所有部门都忙于制造的大型公司，我们是"傻瓜"式企业。[5]

——苹果公司 CEO 蒂姆·库克

务。很多企业高管不是忽视这个问题，就是将其扔给中层管理者处理。事实上，我们认为企业中的复杂性危机一部分根源可以追溯到中层管理者的崛起。这种现象最初发生在 2003 年不少企业大规模裁员期间，当时，很多中层管理者们突然被赋予更多职权，能够制定政策、决定流程，甚至确立企业目标。但是中层管理者们很少有足够胆量直接颠覆现状，而是更加依赖于渐进性变革，通常包括修正、扩张以及其他可能滋生复杂性的各种"原罪"。举个例子，产品经理要证明自己存在的价值，这就意味着每当一件产品或者一项服务推出时，他就要承担扩张市场份额的压力。此举与其说是创新，不如说是逐渐地为旧产品或服务增添、细分和扩展新功能。

我们发现，企业高层管理者的职位越低，对创新的抗拒就越强（创新过程中更少不了简化）。而中层管理者的谈话内容往往更倾向于围绕"我们为什么不能那么做"。

这就是为什么高层管理者必须明确宣布：我们能够这么做，而且我们必须这么做。也许，这项行动的最佳开端就是对企业宗旨和指导原则的简化和明晰。

简化行动，从精练企业宗旨开始

随着时间流逝，一家企业的宗旨可能会因为复杂性丛生而变得模糊和混乱。基于这一点，很多成功完成简化的企业都是从精练自己的企业宗旨开始的。

◎ 捷蓝航空公司的企业宗旨曾多达 23 项，经过精简，"从 23 项变成了 14 项，然后是 10 项，最后精练为 2 项主要目标——文化和供应物。"时任 CEO 戴维·巴格（David Barger）告诉《纽约时报》，简化企业宗旨至关重要，因为"如果一线工作人员都无法理解公司努力的方向，那显然什么事情也不可能做成"。[6]

◎ 家具用品公司 OXO 主要设计并生产具有非凡简洁度和实用性的家用小工具，如今在全球家居用品界已居于领先地位。公司 CEO 亚历克斯·李（Alex Lee）表示，OXO 的企业宗旨可以用一句话概括：为每户人家的每个房间解决问题。这句简单的宗旨体现在公司行动的方方面面：以发现人们面临的最基本的日常难题为己任（不管是削土豆皮还是打开易拉罐），并且想办法开发出样式美观、手感舒适、使用方便的小工具，把各项难题简单化。OXO 的产品并不昂贵，也不神秘，用亚历克斯·李的话来说，公司的理念是"一个茶壶看起来就应该像个茶壶，而不是看上去不知道是什么东西的方形盒子"。[7]

◎ 谷歌的指导原则是"一切以用户为中心"，这让它避免了其他互联网竞争对手深陷的复杂性和混乱境况。尽管谷歌一直在不断扩张并且增添新服务，但仍与客户保持着密切和清晰的联系。在"思睿高 2011 年全球品牌简化度指数"评比中，谷歌公司位居榜首，这就是一个很好的证明。

企业宗旨只是一个开端，那些追求简化主义的公司必须要确保所有的沟通和流程都达到清晰这一标准。这里的沟通包括内部沟通，而且与外部信息传递同等重要。员工可能会成为自己公司品牌最热情和最专业的支持者，前提是他们能够理解和相信自己公司的企业文化。但是在大多数情况下，员工从管理层那里得到的不过是枯燥繁复的行业术语或者故弄玄虚的花言巧语。如果一家公司的内部沟通都缺乏清晰和诚意的话，外部沟通也不会好到哪儿去。毕竟，企业风格的一致性至关重要。

运用清晰简洁、始终如一的内部沟通塑造企业文化，让所有员工都能理解企业的宗旨和实践方针，在这方面，克利夫兰诊所做出了很好的表率。该医院的指导原则"患者第一"成为 CEO 托比·科斯格罗夫（Toby Cosgrove）的口头禅，他将患者体验故事融入自己的每一次业务陈述中。医院里的所有员工不论职位高低，都被称作"照料者"。通过这种简单的词语变化，克利夫兰诊所向整个组织中的所有人传递了一个重要信号：明确定位自己的身份。克利夫兰诊所还通过聪明的"记忆术"，帮助员工将行为准则牢记心间。例如，该医院训练员工永远以"H.E.A.R.T"5 原则面对患者，这 5 个字母分别代表：听取患者的担忧（Hear），换位思考（Empathize），道歉（Apologize），针对问题采取行动（Respond），感谢患者给机会以改善服务质量（Thank）。

克利夫兰诊所的领导者们认识到，仅仅只是语言表达还不够。为了让全体员工养成一定的行为习惯，必须充分明确这些行为将会受到重视和嘉奖。医院不仅追踪员工和患者之间的互动过程，而且公开展示员工表现评分和患者满意度评分。在我们造访克利夫兰诊所期间，很明显医院员工对自己的患者满意度分值深感自豪。事实上，这种运用数据创建良性竞争文化的方式效果非凡，因为这一切都建立在满足患者需求的首要目标上。

管理咨询公司埃森哲董事长威廉·格林（William D. Green）坦承，他曾在公司主持过一次为期 3 天的管理培训研讨会，并且提出了"员工应当做好的 68 件事"。当会议结束后，格林才意识到，"谁也不可能记住那么多事情"。于是他决定，以后的培训重点应当集中在 3 件事上：能力、自信和细心。"毕竟这是一家庞大、复杂的跨国公司，当员工想了解如何辨明方向时，我就告诉他们上面那 3 个词。"[8]

S简法实践
imple

想知道世界上最复杂的员工手册是什么样子吗？《金融时报》专栏作家露西·凯拉韦表示，摩根大通集团的一份员工手册包含"员工每日必须遵守的 123 项规则"。不过，糖果公司吉百利（Cadbury Schweppes）的员工手册也有得一拼，凯拉韦表示，吉百利给管理者列出了 144 项必须严格执行的守则。[9]

简化企业的内部沟通体现在方方面面，从简洁的幻灯片展示到精简各种备忘录和文件。苏黎世金融服务集团（Zurich Financial Services）前主席詹姆斯·施切罗（James J. Schiro）曾建议，幻灯片演示要采用"3 张图，3 个观点"的模式。[10] 说到这里，我们建议在任何简化行动开始时，最好创建一份简短文件，陈述该行动最基本的原则、目标和衡量成功的标准。切记，不要让这份文件或者其他任何公司创建的交流内容被部门经理或者企业律师不断增增补补。一份清晰、简洁的文稿在经过各界专家的几轮修改后，可能会变得冗长累赘。我们长期的合作者泰雅·瑞吉欧（Thia Reggio）表示："第三轮修改往往会回到最初版本，只不过增添了复杂和混乱。"因此，我们建议一条简单的法则：最多修改两次。

开放的文化推动简化主义成长

要简化一家公司及其企业文化，仅仅改变沟通方式还不够。简化主义还要求企业精简流程、铲除层级，甚至推倒围墙，从根本上完成结构调整。一个很大的问题在于，企业通常采用垂直管理，而这种结构恰恰滋生了复杂性。因为每一层管理层级都拥有自己的规则、目标以及维护的利益。同时，企业自身的宏大目标，比如说为客户创建最全面的优质体验，又会在企业内部各个独立甚至互相竞争的层级之间变得支离破碎。

当克利夫兰诊所向"患者第一"的宗旨转型时，领导者们认真审视了医院的内部机构，是一个以医生为主导的旧式层级管理体系。这种结构对于医生们来说可能理所当然，但对于患者来说却没那么容易理解。因此在 2008 年，克利夫兰诊所经过重新调整，建立了 23 个以患者为主导的机构，将互为"对手"的内科和外科合并起来，全部进行统一管理，提供无缝式患者护理服务。这意味着具有特定医疗需求的患者，能够从该医院的某一处诊疗机构获得所需的全部东西，包括医疗设备、临床医师等。这种新型结构为患者带来了更加简单和全面的体验。

僵化、封闭的企业结构无法创造简单的客户体验，其中有种种原因。IBM 的复杂性研究报告发现，"对客户的洞察力历经层层结构逐渐消失殆尽"。某个部门或许了解对客户重要的东西及其需求，但该部门不一定会与其他部门分享这一信息，尤其是当该企业中没有专人负责全面简化客户体验时。再说一次，这就是需要领导力出场的时候了：简化行动必须由一位能够贯穿整个公司的高层权威领导者发起，从而促使全体员工围绕一个共同目标充分发挥力量。

Smart Design 设计公司的理查德·怀特霍尔表示，在产品设计领域，公司管理结构带来的问题也很严峻。通常，公司的结构体系是为了确保每个部门专注产品或服务的某个特定部分。在这种结构化体系中，员工只专注于自己的独立产品线或者某一部件。但如今我们进入了"体验经济"时代，怀特霍尔表示，以往的方法不管用了，虽然你能把一箱产品分割为若干部分，但是客户体验应当保持完整性。他补充道，这就是为什么"为了设计全面的客户体验，必须将负责不同任务的员工融入以项目为主导的整体团队中，这样他们才能够共同合作，为该产品和服务的用户创造良好体验。这要求公司要在'一个大脑'的指挥协调下进行运作"。

通过采用这种更加全面的方式去设计和开发产品，就能够在企业早期流程中嵌入简化理念。这有点儿像预防医学的原理：如果你在早期阶段通过整体、全面的方式提出客户需求，就能在后期阶段避免解决各种复杂性难题。

如果说简化行动要求推倒企业内部的围墙，那么也有必要消除隔绝企业与外部世界的各种障碍物。我们在前面的章节中提到了企业在简化过程中运用同理心的重要性。如果一家企业想要培养充分的同理心，企业文化就应该鼓励员工向客户学习、倾听客户的心声，并与客户进行直接沟通。事实上，很多企业管理者，尤其是公司上层高管还没有为这种交流方式做好准备。

克利夫兰诊所提升客户体验的努力基于这样一种理念：与患者接触程度越深，就越能为客户提供优质服务，这种接触不是那种浅层次的表面接触，而是努力了解患者真正的问题、担忧和需求。克利夫兰诊所最初发现这套理念的价值，是在增加了护士巡视病房的次数时。

事实证明，护士和患者面对面接触的次数越多，双方获得的收获就越大。护士巡视制度的成功带动了"领导巡视制度"，医院 CEO 和其他高管也开始定期巡视医院各部门，并与医院员工和患者双方进行直接交流。

简化主义似乎更能在一种开放的文化下成长和发展，在这种文化下，人们不论在企业内部还是外部，都能更加自由无阻地进行交流。当你步入 OXO 公司总部，就能迎面感受到这种开放文化的气息。每个人都在开阔、敞亮的空间里办公，各部门之间没有明显的界限。交叉领域的各个团队聚集在一起完成项目，产品草图和原型全部一览无遗，任何人都可以随时对任何项目提出自己的创意。OXO 公司的内部交流呈现出直接、简单和非正式的风格，正如 CEO 亚历克斯·李所言："其他公司里在一个办公室内工作的同事竟然主要靠邮件交流，简直不可思议。"[11]

OXO 公司的大部分员工家中都使用自己研发的产品，所以他们能够将实际的客户体验反馈到工作中去。例如，OXO 公司很多员工都有小孩，因此公司近几年为婴幼儿设计了不少简单实用的产品。另外，公司员工知道小孩子成长得很快，因此开始着手设计一些适应性强的产品，比如能够随着孩子身高变化调整高度的高脚凳。

OXO 公司不仅仅依赖企业内部的专业研发人士，还欢迎外部的创新者和设计师们提供各种新创意，这种现象在设计界并不常见。如果你向 OXO 公司提交了自己的创意，也不用担心会受到一堆烦琐文书的侵扰，因为 OXO 已经不辞劳苦地精简了所有与外界人士沟通的各种合同和条约。

例如，一名外部人士向 OXO 公司提交的创意是一种易于使用的新型量杯（见图 6-1）。OXO 公司被这个创意激发了好奇心，开展了深度的顾客同理心调查。CEO 亚历克斯·李表示，公司派了一些设计师深入顾客的厨房，观察他们使用标准量杯的情形。设计师发现了一个有趣的现象：由于常见的量杯刻度都在杯子外侧，使用者在察看测量数值时不得不一直弯腰前倾才行。

图 6-1　能够从杯子上方直接读取刻度的新型量杯

这是一个没人提过的用户问题，在焦点小组调查等各种市场研究中也从来没探讨过。只有当亲自走入人们的厨房用心观察，OXO公司才发现，的确需要设计一种新型量杯，让人们可以从杯子上方轻松读取刻度。OXO公司在推出这种新型量杯的第一年就卖出了数百万只，足足占据了一半的市场份额。

天真的价值

新型量杯这个案例让OXO公司明白，尽管公司的设计师可以说是厨具领域的专家，但仍然可以从外行人士身上学到很多东西。这就是为什么我们一直相信简化主义的一条重要原则：珍视天真。

我们有充分的理由这么说：如果长期浸淫在某个行业或者领域，会形成一种狭隘目光，导致内行人士无法察觉其中不断蔓延的复杂性。同时，这些内行人士对各种术语习以为常。而那些不是内行也不是业内专家的人，却往往能带来更加新鲜的眼光和想法。最重要的是，他们会提供一种更接近客户的崭新视角。

飞利浦公司开启简化行动时，就意识到了外部灵感对于企业的重要性。它创建了一支由5名来自不同行业和领域的成员组成的"简化顾问团"，其中包括一名欧洲时装设计师、一名亚洲建筑师、一名美国放射科医生、一名麻省理工学院教授和一名汽车设计师。这个顾问团运用新鲜视角重新审视飞利浦的产品和方针，成为该公司的重要智库和参谋团。

另外一位我们十分欣赏的简法践行者是软件公司 Intuit，如今广为人知的财务管理软件 Quicken 就是 Intuit 的核心产品，其灵感最初源于公司创始人发现妻子无法打印自己的支票。Intuit 公司建立在这样一种理念上：让普通人能运用软件，处理那些通常靠专家们才能解决的专门化业务。正是这种客户主导型的简化理念，使得 Intuit 公司引领拳头产品 Quicken 和 TurboTax 占领了市场。

很多在产品设计方面致力于简化理念的公司会发现，简化带来的连锁效应影响深远。正如飞利浦一样，Intuit 公司如今也把招聘流程变得更加简短，并且还采用了同样的客户忠诚度衡量方式——净推荐值指标（Net Promoter）。显然，对于真正相信简化主义的公司来说，这种只需要问一个问题就能得到客户反馈的方法十分具有吸引力。

Intuit 公司引入一系列流程，确保公司更加开放，并与用户的真实需求保持一致：

◎ 实地调研和可用性实验测试。每年有 2 500 人参观 Intuit 的可用性实验室，而 Intuit 公司每年会实地访问 1 500 名顾客。

◎ 客户委员会。产品开发团队会根据需要成立客户委员会，加入该委员会的成员每次任职 1 年。

◎ QuickBooks 挑战。公司高层会假扮成顾客，打电话向客服中心提问以测试其反应。

Intuit 公司一直十分重视"天真"的外行人士提出的问题，公司
高管们还曾自豪地讲起 20 年前最早一批新手用户群体的故事，那是
一群昵称是"阿瑟顿女士"的小镇妇女。如今，Intuit 高管在接受采
访时总是尽量避免对任何群体冠以"天真"名号，不过他们仍然秉承
着邀请外行人士来测试产品的企业传统。Intuit 公司还雇用了投资理
财网站 Motley Fool 的一名编辑，请他帮忙撰写公司推出的税务软件
TurboTax 的文字内容，目的是让该软件呈现更多人性化色彩，而不只
是生硬呆板的税务代码。

要获得一种新鲜视角，你不一定非得求助于企业外部人士才行，
有时候也可以采用跨学科方式，从负责该项目的部门之外寻找新观点。
如果本部门恰好是法务部门的话，那么从其他部门发现新观点就变得
尤为重要。因为若是律师主管事务的话，简化几乎是一件不可能实现
的事。那些下定决心追求简化主义的公司必须将权力交给正确的人，
而不是最初引发复杂性的那群罪魁祸首。事实上，很有必要从那些倾
向于助长复杂性的人手上夺取控制权。我们所说的那些热衷于复杂事
物的人，其实指的就是企业律师们。

显然，企业需要律师，只不过没有想象中的那么需要。很多企业
领导者都是风险规避者，并把法律诉讼看作是最大的风险，因此他们
会把律师的地位提升到一种无法被挑战的绝对权威上，这意味着法务
部门拥有最终决定权。然而，大部分律师都对简化理念有一种天然的
厌恶。

例如，律师们经常辩称，简化后的语言缺乏精准性。很多律师表示，法律和法庭的裁决为消费者契约中最晦涩难懂的术语做出了精准的解释，因此能够立足于法庭之上接受检验。而实际情况是，法律界人士这种坚持精准语言才能在法庭上站得住脚的主张，已经逐渐站不住脚了。美国很多州的法官们在法庭判决上引入了"合理期待理论"，这意味着如果企业侵害了顾客的权益，那么运用再多的标准法律语言也无法帮助企业开脱责任。

追求简化主义的公司总是能找到办法约束法务部门。丘博公司推出的极简式保单"杰作"大获成功，秘密之一就在于没有让律师起草保单内容。相反，公司请了一位非法律界人士起草了保单初稿，然后请律师审查该保单的准确性和合规性。丘博公司的 COO 安德鲁·迈克尔威（Andrew McElwee）就是一名律师，他也惊叹于"杰作"保单持久的清晰性。迈克尔威表示，"法律措辞的确能够确保精准度"，但是"一定程度的模糊表达对丘博公司来说没什么影响，毕竟跟我们打交道的并不是一群斤斤计较的客户"。

把企业律师的重要度降低一两个等级没多大坏处。ING 银行的 CEO 阿尔卡季·库尔曼认为，用幽默的方式让企业律师意识到自己行为的极端性还挺有效的。他曾经开玩笑讽刺律师做了长达 300 字的文件脚注，以此拉近 ING 银行与客户之间的距离。这与其他银行的表现形成了鲜明对比，毕竟人们普遍认为，银行必定会不遗余力地蒙蔽公众。

"311 热线",纽约的小镇人情味

说到过于复杂的组织,政府要是称第二,就没人敢称第一。 不过我们相信,政府机构的简化跟企业的简化需要类似的行动和条件:强大的领导力、明确的目标,以及一种提倡开放、同理心和创新的简化主义文化。

政府机构看起来似乎过于庞大和笨重,很难采用简化的方式来转型,但是至少有一个典范能够给我们带来希望。纽约市前市长迈克尔·布隆伯格(Michael Bloomberg)用实际行动告诉人们,纽约市作为全世界最大的城市之一,依然能够在很大程度上简化政府与市民的沟通过程。纽约市"311 热线"平均每年处理 1 500 万次市民来电,其中包括投诉、问询,以及从消防栓漏水到道路坑洼等各种小型市政危机。[12]

"311 热线"项目的诞生源于同理心:布隆伯格政府在询问纽约市民关于市政服务方面的问题时发现,人们在需要市政服务时找不到解决问题的有关部门,政府部门实在太多,要拨打的电话号码也太繁杂。纽约市政府面临的挑战是:要把人们眼中的政府形象从官僚主义、各自为政和一本正经,转变为平易近人和简洁高效。

布隆伯格宣布,他要在一年之内简化整个政府体系(他实际上花了 14 个月,但也已经很不错啦!这同时也证实了我们的一个观点:

即便是最雄心勃勃的简化行动也能够并且应该快速展开）。布隆伯格成为这场政府简化行动的推动者，但毕竟科技在这场行动中扮演了重要角色，因此布隆伯格邀请纽约市信息科技和通信部门长官基诺·曼奇尼（Gino Menchini）前来助力，共同完成这次政府"客户服务改造项目"。

最终，曼奇尼的团队将纽约市政指南手册上长达 14 页的数千个电话号码精简为一个号码：311。在此过程中，他还把 40 个电话服务中心合并成了 2 个。

我们在参观"311 热线"服务中心时，能够充分感受到他们对客户服务的专注。真是"可惜"，这一点儿也不符合人们对政府机构的一贯认知。走进服务中心的人会发现一块十分显眼的电子屏幕，屏幕颜色在红黄绿三色之间频繁闪烁，显示呼叫延时或者通话峰值。一般来说，企业客服中心接线员的工作绩效的衡量标准是能够多快结束通话，但在这里不同，"311 热线"客服代表的工作绩效的评分标准体现为：提供信息的准确度和解决来电者反馈问题的完善度（见图 6-2）。

为了让这套系统得以运转，各个市政部门将主管事务进行归类和标注，创建了一个可以通过关键字进行搜索查询的庞大内容库，就像使用互联网搜索引擎那样。搜索引擎会基于各种话题出现的频度高低而不断更新优化，从而在一定程度上确保了这套系统的实用性。

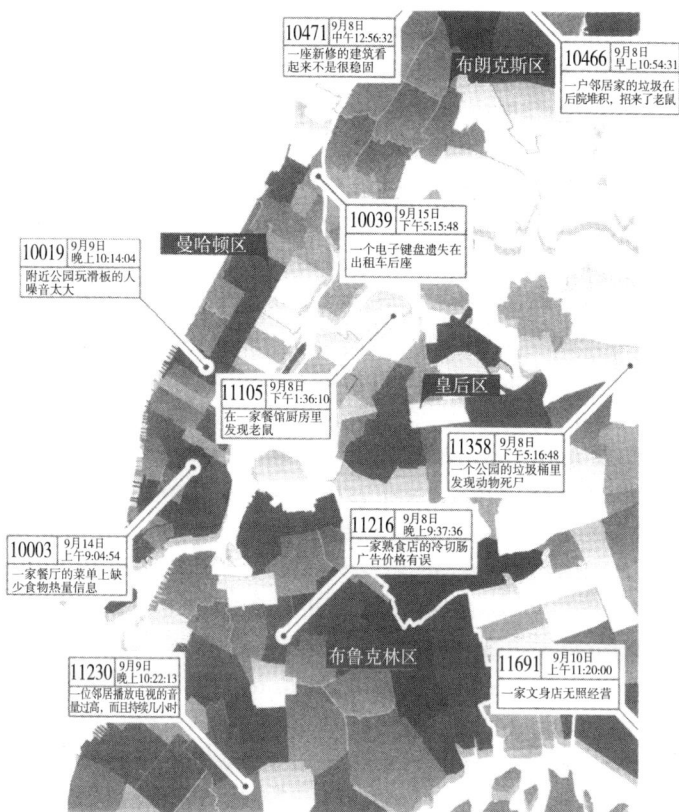

图 6-2　市民拨打"311 热线"反映问题

　　那些接听热线的市政服务代表都经过特殊训练，能够从来电者五花八门的投诉或反馈中迅速提取相关信息。客服代表们要接受为期 4 周的"探索性问题"训练，以快速确定问题性质。此外，这些客服代表们使用的电脑显示器也非常实用，上面有清晰的按钮，分别标注着："何事""何地""何人""下一步"以及"如何解决"。

　　"311 热线"的绝妙之处还在于，它向公众隐藏了市政管理官僚体系的复杂性。当然，一个大都市的所有传统市政体系和部门仍旧存在，只不过拨打"311 热线"的市民不需要直接跟它们打交道。事实上，这项任务落到了那些受过良好训练的客服人员身上，由他们来考虑如何解决问题，如有必要，客服人员会将来电妥善转接到"311 热线"服务中心内负责该项事务的相关部门工作人员那里。

　　简化有时候会带来意料之外的好处，以"311 热线"为例，一个令人欣喜的意外结果是，它逐渐成为帮助政府提高执政水平的有利工具。来自市民的每一次投诉都被登记、标注并记录下来，这使得政府领导者能够拨开迷雾，了解市民的真实需求，同时还有助于领导者们发现城市某处存在的特殊问题。例如，从某片区域集中收到一系列噪音投诉开始，政府就要考虑在此开展噪音治理项目。"311 热线"系统还能够显示各项机构处理市政问题所花费的时间，从而反映出各部门和机构的工作表现。该系统甚至还接受市民对市长工作表现的各项反馈，通过电子表格的形式将匿名评论传递到布隆伯格的办公室。

　　由于被迫对自身进行简化，纽约市政府开始注意到那些毫无必要但又过于臃肿复杂的政策和流程。曼奇尼告诉我们："'311 热线'不只体现了市政管理流程的改变，而且起到了催化剂的作用。"他举出了曾经屡次发生的反映"树木遮挡路牌"的市民来电这一经典案例。过去，如果有树木遮挡路牌，市民根本不知道是该找绿化管理部门还是交通部门。不管你信不信，谁来负责这事，取决于是树枝还是树干遮挡了路牌！幸好，如今政府改变了市政处理流程，所以只需一个部门就能处理所有类似投诉了。

随着"311 热线"取得成功，简法践行者布隆伯格开始把目光投向纽约市其他复杂事物和官僚作风上。例如，市政府将帮助纽约市的新开餐馆减少登记流程上的繁文缛节。"创业加速团队"（New Business Acceleration Team）加快了新餐馆从各种市政部门获得执照和批准的流程，这让每家新餐馆平均 72 天或者更短时间内就能开门迎客。这对餐馆老板和城市"吃货"们来说都是个好消息，同时也为政府财政增加了数百万美元的税收。[13]

"311 热线"已经接到超过 1 亿次来电，如今平均每天会接听差不多 5 万次来电。尽管如此，大部分来电者都能在 30 秒内与客服人员通话。这个项目的最非凡之处或许在于，它为纽约市民提供了一个反映纽约市各项日常问题和麻烦的通话渠道，而且永远都有人在线倾听和回应市民的心声。正如《连线》杂志观察到的："311 热线"为大都市重塑了富有人情味的小镇生活气息。[14]

如果你能为纽约市带来"小镇人情味"，那你就能简化任何复杂组织，不过仍有关键几点需要注意。战略性简化必须全面彻底地开展起来，如果只触及一些孤立的领域，或者试图通过渐进式改良一步步慢慢来，就会很容易失去动力。到时，简化的衡量标准将会变得无关紧要，高层的注意力将会趋于分散，几乎没有多少客户能体会到简化的影响力，而你将无法察觉到任何引人注目的改变。要知道，引人注目是非常重要的，它能够挽回客户的真心和忠诚度，而且企业员工受到激励后，士气将更加昂扬，更能让人感觉到企业处在真正转型中。

不过，就算简化行动大刀阔斧地全面开展起来，你也不可能一夜之间打个胜仗。的确，你无法彻底消灭复杂性，最多就是把复杂性从客户的眼前移开，移得越远越好，并且要时时保持警惕，因为它很可能还会卷土重来。这就是为什么，最好把简化看作是一场漫长的旅程，而非一步到位的终点。

简法践行者，利用社交网络的力量

简化行动不可能由最初导致复杂性的人引领，而应由那些向企业和政府呼吁清晰度，并且将这些价值贯彻到日常生活中的人发起。想成为简法践行者吗？让我们告诉你该怎么做。

Simple

Conquering the crisis of complexity

A little simplification would be the first step toward rational living, I think.

我认为，简单是通往理性生活的第一步。

——美国前第一夫人埃莉诺·罗斯福

我们已经投身于简化主义 30 余年。这些年来，我们目睹了简化主义风潮的起起落落。有很多人跑来跟我们分享他们对简化主义的重视和追求，但是很少有人能够报着足够的动力或勇气加入我们，直面挑战并且解决这个难题。他们或许意识到自己可以把握住潜在的机遇，但仍没有把这件事视作当务之急。

不过，如今事情正在改变。人们在与企业和政府打交道的过程中，从来没有像现在这样努力地去争取清晰、透明和公正。越来越多的人成为简法践行者，他们甚至不需要领导者就能自发组织起来。他们往往单打独斗，唯一的"武器"就是社交网络和一腔不平。

举个典型的例子，2011 年，银行试图对客户征收额外费用，比如每月新增 5 美元借记卡费。很多人注意到了这一点，更重要的是，他们开始谈论银行该项举措，并且把想法写到博客上或者发到 Twitter 上。

来自华盛顿特区的 22 岁女孩莫莉·卡切波尔（Molly Katchpole）甚至发起了一场反对银行乱收费的网络请愿活动。一个月内她就收集到了 30 万人的签名支持。这场舆论产生了令银行无法忽视的极大影响，在宣布征收费用一个多月后，就不得不撤销该项决定。[1]

就在卡切波尔发起网络请愿活动后没多久，那一年秋天，洛杉矶一家画廊的主人克里斯汀·克里斯蒂安（Kristen Christian）组织了一场名为"银行转账日"的活动。克里斯蒂安利用 Facebook 和其他社交网络，带领一群被大银行折腾得不轻的客户开展"报复"行动。他们共同约定，在 11 月的第一周将存入大银行的现金大规模地转入其他小型非盈利信用联盟。Facebook 上将近 10 万人积极响应号召，"银行转账日"来临前，已经有 65 万人在 1 个月内把现金从大银行转入了信用联盟。[2]

这两个例子不过是诸多案例中的典型代表而已，它们反映了人们开始利用社交媒体赋予的新力量，团结在一起反抗某项不得人心的企业规定和政策，以及某份合同中显失公平的条款或者是明显愚弄公众的伎俩。如今，随着互联网经济的迅速发展，各种企业的崛起和消失瞬息万变，它们与客户的距离也只隔着一次鼠标点击。更重要的是，如今每位消费者都是庞大的互联网购物群体的一部分，而在过去他们可能互相之间毫无关联。通过利用 Twitter、Facebook 等社交媒体发帖表示抗议，消费者能够将自己的困惑、不满和激赏迅速宣扬得人尽皆知。

这种变化足以表明，对简化主义的呼吁将在接下来几年达到高潮，而这对企业和政府也有好处。我们亲眼见证了一种全新的力量基础的形成，这在早期的消费者行动中从未出现过。这种以"草根"阶层为主体的力量基础，能够发动广大群众参与，并以一种全新的方式促进改变和变革，这在群众运动中属于前所未有的现象。

群众运动往往由愤怒激起，如今蓬勃发展的简化运动也不例外。人们受够了！最近一项调查显示，大部分人把经济危机的根源归咎于过度的复杂性，事实的确如此。消费者开始意识到，有些企业故意把事情搞得很复杂，从而蒙蔽顾客。人们逐渐对企业和政府失去了信任，因为他们开始不安地察觉到，那些确立已久的制度和体系，从税码到医保制度再到金融体系，正在逐渐失灵，这在很大程度上是因为这些制度和体系正在被自身的复杂性所拖垮。

你放弃了哪些权利

如今，人们通过互联网进行业务往来，这又增加了一层复杂性，其中一个例证就是，网上那些点击一次即告完成的协议引发了用户越来越多的不满。每天每时每刻都有人通过点击鼠标让渡自己的权利，而你可能就是其中的一员。

尽管我们每天都遭遇上面的情况，但可能还没意识到，在互联网上的用户协议和其他虚拟合同上点击多次后，最终将会以自己无法想象的方式对某些公司承担相应的法律义务。正如我们的同事琳恩·利伯特（Leanne Libert）所言："有时候你只是在网上随意浏览而已，却不知道已经同意了某项协议。"

最近，利伯特开始好奇，自己到底在网上签订了多少协议？于是她开始行动起来，花了1个半小时搜寻自己之前通过鼠标点击同意的各种用户协议和服务条款。最终她找到了53项协议，加起来几乎有400页长。"我花了90分钟找到这些文件，"琳恩表示，"但是恐怕要花90天去阅读和消化其中的全部信息。"

琳恩简单查阅了这些文件，发现自己如今已经与34家机构产生了法律捆绑关系，这些机构从银行到医疗机构再到购物网站，不一而足。"是的，我现在与一些全球知名的大公司产生了法律关系，"琳恩指出，"但如果这其中有的协议产生了法律纠纷，你觉得谁能占上风？"

显然，琳恩是占不了上风的，因为她发现自己所"签订"的协议中，有一半都包含"争端前仲裁条款"，意思是：我放弃向法庭起诉对方的权利。"我们放弃了自己压根就不知道的权利，那该是什么感受？"琳恩表示。

Bagcheck.com 网站对此提出了另外一种解决方案，该网站将使用条款页面划分为两栏，左边一栏是冗长正规的法律辞令，而右边一栏则是"采用简明语言翻译后的要点"（见图7-1）。

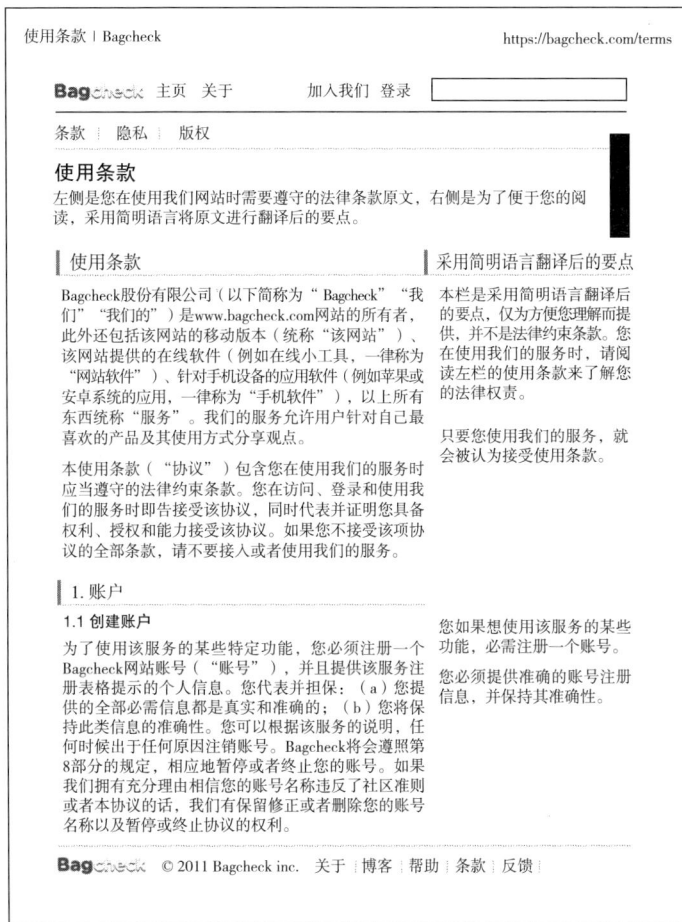

図 7-1　Bagcheck.com 网站的使用条款页面

　　如今，我们见证了不少行业的进步。皮尤慈善信托基金会（Pew Charitable Trusts，以下简称皮尤基金）是一个非营利组织，它采用一种新型简化模式，为银行客户造福多多。皮尤基金调查发现，银行协议中涉及重要的支票账户和费用信息的内容，平均长度是 111 页。针对这个情况，皮尤基金开发了一张信息披露表格模版，格式看起来就跟食品标签上的营养表差不多。该表格向消费者清晰显示了他们账户上包括的费用、条款等各方面信息（见图 7-2）。

皮尤基金还成功地将这张新模版推广到了其他行业和领域，从而运用新媒体形式去影响商业和政府。皮尤基金安全账户项目主管苏珊·温斯托克（Susan Weinstock）表示，基金会打算推出这张表格时，先在 Care2.org 网站上开展了一场请愿活动，以争取公众对该项目的支持。皮尤基金的目标是，希望美国政府能够授权消费者金融保护局（Consumer Financial Protection Bureau），考虑将该模版应用到各大银行体系中。这个目标目前还没有全面实现，不过，大通银行已经同意在客户服务中引入皮尤基金的表格模版。

消费者金融保护局于 2011 年成立，可谓当今简化运动中的里程碑。该组织最初在消费者权益倡导者伊丽莎白·沃伦的支持下成立，随后由首任主管理查德·科德雷（Richard Cordray）发扬光大。消费者金融保护局开启了一场关于消费者权利和复杂条款危害性的全国性对话，是民众多年来一直呼吁和需要的组织。

消费者金融保护局一直致力于为各种个人金融业务提供更高的透明度，其中包括房屋抵押贷款、薪资贷款、学生贷款和信用卡等。对于每一种业务，该组织都创建了或者正在着手创建更加简洁的版本，用来清晰解释每一种业务的内容（见图 7-3）。

皮尤基金支票账户信息披露表

基本条款和条件		
开户和使用	开户最低存款额 $	
	月服务费 $	
	免除月服务费的条件	满足综合账户余额达到最低时、直接存款或者其他条件
	利率 %	
	自动取款机服务费 $	使用开卡银行自动取款机
	自动取款机服务费 $	使用其他银行自动取款机
	余额不足费 $	分别计费
	退票支票费 $	按每张写给您但退回的支票收费
	支票止付费 $	每张止付支票分别计费，期限为X月
	关闭账户费 $	如果该账户在开户Y天后关闭
	其他服务费	请参阅本文件背面查看其他费用列表
持有借记卡消费者的透支选项	选项A：（默认选项） 无透支服务	如果您选择不加入任何透支服务，可能导致透支的交易被拒绝，并且不收取您任何费用
	选项B： 透支转账费 $	从关联的储蓄卡、信用额度或信用卡转账，按每笔透支额收费
	选项C：透支罚款 透支罚款费用 $	包含在银行借款内的每一笔透支额
	每日透支罚款的最大限额	
	延期透支罚款费用 $	账户透支第M天后需付费，开始于账户第一次透支N天后
业务处理规定	邮政汇票 存取款业务办理	*规定摘要*
	存款使用规定 当存入您账户的资金可用时	• 银行柜台现金存款：X个工作日 • 自动取款机现金存款：X个工作日 • 银行柜台支票存款：Y个工作日 • 自动取款机支票存款：Y个工作日 • 直接存款：X个工作日 • 网上转账：X个工作日 • 如果有情况导致一笔存款在较长时间后才能使用，该项存款的前200美元在存款当天的工作日或者下一个工作日可用 • 来自非银行金融机构的款项可能要到下一个工作日才可用 *"工作日"是指非节假日期间的正常营业时间。每个支行的下班时间都不一样，但一般不早于下午7点。*
争议解决	争议解决协议	协议内容摘要

www.pewtrusts.org/safechecking

图 7-2 皮尤基金信息披露表格模版

欢迎来到ABC银行

您可在此查看您的信用卡合同条款。
当您在使用或者为该信用卡签名时，该合同即告生效。

以下内容中标注下划线的词或句子的含义，您可以在合同中附带的消费者金融保护局信用卡条款定义中查询。

1. 费用　　（您可以使用该卡购物、预支现金或者转账，不同类型交易会产生不同的结算方式。每种结算方式的利率也不同。）

收费情况

（一定时间段）购买产生的利率	X %年利率 → 购物（一定时间段）后产生的利率	X %年利率
信用卡转账利率	X %年利率 ＋ 转账费（每笔交易单算）	X %
预支现金利率	X %年利率 ＋ 预支现金费（每笔交易单算）	X %
罚款利率	X %年利率逾期还款费	$X/$Y

退款款项费	$X	加急办卡费	$X
换卡费	$X	外汇交易费	X %

以上年利率各不相同，它们随银行最低利率上涨或下降。从每轮账单周期起算时间开始，我们的年利率计算方式采用：银行公布的最低利率×账单周期内的工作日天数。为了确定您的年利率数值，我们列举了各种情况：最低利率，指购买完成一定时间段后的利率X%；信用卡转账的利率X%；现金预支利率X%；罚款利率X%。

如何以及何时支付？

我们将把账单寄到您登记的地址。您同意支付账单上的全部授权交易，包括由此产生的利率和服务费。您同意支付我们允许的超过您信用额度的费用。您必须在每张账单规定的最后期限至少支付最低还款。您的最低还款额为［插入公式］。我们将选择您的最低还款用于支付哪一项交易类型。我们会首先把超过最低还款额度的资金转移到年利率最高的交易类型中。您必须使用美元支付，不附带任何约束性条款，也不得违反其他标准还款说明。如采用邮汇支付手段，应当汇入支付地址。

支付逾期怎么办？

如果您没有在最后期限完成最低还款，您将支付$X的逾期还款费。
此外，如果您逾期还款，将被视作违约，由此可能导致利率提高。
如果您6个月内逾期还款不只1次，逾期还款费将会上升到$Y。如果您在接下来6个月内持续准时还款，费用将会降低到$X。

特别优惠

利率如何计算？

我们采用日结存复合法计算利率。这意味着每日利率都不同，最终混合计算。
如果您在每月最终期限前还清所有欠款，我们将不会收取您购买交易的利率。该阶段被称作宽限期。如果您没有在宽限期内还清欠款，我们将会从您完成购买交易的当天起计算利率。如果您每个月没有准时还清所有欠款，您将失去宽限期待遇，直到您连续X个月准时还清全部欠款。预支现金或者信用卡转账的利率从（日期）开始算起。

图 7-3　消费者金融保护局创建的简洁版信用卡合同模版

　　所有这些为了简化我们日常交易而创建的新型模版都是十分关键的首要步骤，值得支持和鼓励。作为消费者和公民，我们必须发挥自已强大的影响力。当我们看到简化行动的典范，比如前面提到的在与公众打交道时努力提供更高清晰度和透明度的某些企业和组织，我们就应该在社交网络上多多传播。我们可以通过改变购物习惯，以奖励那些对顾客开诚布公而非蒙蔽欺骗的企业，并提醒那些为了节省成本而牺牲客户忠诚度的企业，它们实际上是在损害自身的利益。我们也可以推动公共机构提供更高的透明度，请求立法者和管理者饬令那些煽动复杂性的人承担应有的责任。

作为消费者和能够发声的大众一员，我们可以揭露那些迷惑顾客、故意把产品和服务变得复杂化并且隐藏不良动机的企业和公共机构，就像黛博拉·阿德勒针对药品标签混乱改变药瓶设计、莫莉·卡切波尔针对银行乱收费做出行动一样。

呼唤明晰

为了培育和支持简化主义的"草根"行动，我们建立了一个"简法践行者大本营"。我们高举"呼唤清晰度"的旗帜，为简化运动建立了一个信息交流中心和共享平台，就是网站 www.callforclarity.com。

我们的目标是通过分享简化运动的方方面面去教育和启发人们：什么问题正处在紧要关头，哪些组织做得好，哪些组织表现差，你能做些什么，等等。当然，我们能提供的最重要的事情之一，就是把那些在这项行动中拥有共同兴趣和激情的人们联合起来。在网站论坛上，人们可以分享自己在与复杂性做斗争时的经历和故事。这个网站也是一个共享策略的地方，比如如何影响企业和政府机构，如何通过社交网络和其他工具传播信息或者引起公众注意。

我们罗列了一些亟待引起关注和需要解决的重要问题。例如学生贷款，如果你没有认真关注过这个问题，可能意识不到美国学生贷款问题有多严重。美国学生债务如今高达 8 000 亿美元，超过全部信用卡债务的总和。[3] 如今，青少年们背负着高达数万美元的贷款，却完全意识不到这会对自己的生活产生什么影响。

如何改变这一状况呢？首先，美国所有的大学应当采用一种简洁、标准的经济资助信，让家长和学生能够在各学校之间进行横向比较。在这些经济资助信中，经济资助类型应当按照价值进行排序，例如从免费（补助金和奖学金）到最贵的。我们必须要让每个家庭弄清楚，所有的援助资金并不都是同等的，而且其中一些还伴有较长的附加条件。一份资金援助列表对家长和学生来说显然帮了大忙，就像图 7-4 这份由消费者金融保护局创建的列表。

S 简法实践
imple

> 对于学生贷款，家长们甚至比孩子们更加困惑。我们对一些孩子在上大学并且申请了经济援助的家长们进行调查，77% 的家长不明白贴息贷款和普通贷款之间的区别，并且明白并不是所有学生贷款都需要信用核查的家长还不到一半。[4]

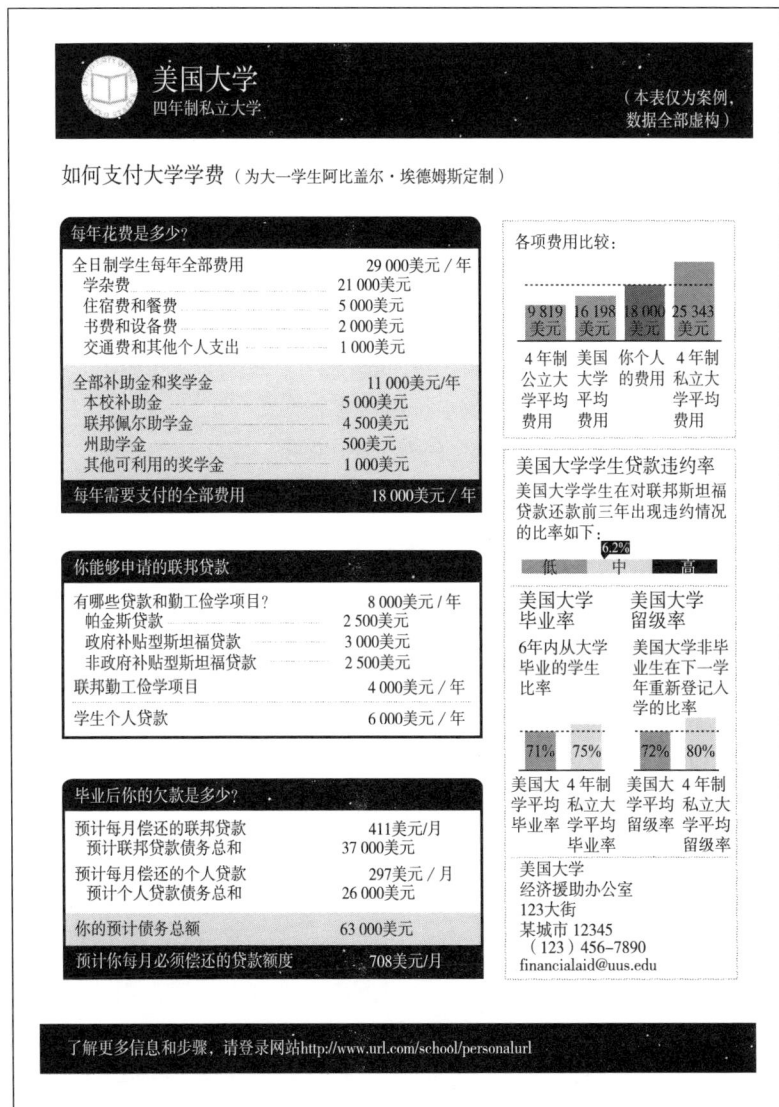

美国大学
四年制私立大学

（本表仅为案例，数据全部虚构）

如何支付大学学费（为大一学生阿比盖尔·埃德姆斯定制）

每年花费是多少？

全日制学生每年全部费用	29 000美元 / 年
学杂费	21 000美元
住宿费和餐费	5 000美元
书费和设备费	2 000美元
交通费和其他个人支出	1 000美元
全部补助金和奖学金	11 000美元/年
本校补助金	5 000美元
联邦佩尔助学金	4 500美元
州助学金	500美元
其他可利用的奖学金	1 000美元
每年需要支付的全部费用	**18 000美元 / 年**

你能够申请的联邦贷款

有哪些贷款和勤工俭学项目？	8 000美元/年
帕金斯贷款	2 500美元
政府补贴型斯坦福贷款	3 000美元
非政府补贴型斯坦福贷款	2 500美元
联邦勤工俭学项目	4 000美元 / 年
学生个人贷款	6 000美元 / 年

毕业后你的欠款是多少？

预计每月偿还的联邦贷款	411美元/月
预计联邦贷款债务总和	37 000美元
预计每月偿还的个人贷款	297美元 / 月
预计个人贷款债务总和	26 000美元
你的预计债务总额	**63 000美元**
预计你每月必须偿还的贷款额度	**708美元/月**

各项费用比较：

9 819美元	16 198美元	18 000美元	25 343美元
4 年制公立大学平均费用	美国大学平均费用	你个人的费用	4 年制私立大学平均费用

美国大学学生贷款违约率

美国大学学生在对联邦斯坦福贷款还款前三年出现违约情况的比率如下：

6.2%

| 低 | 中 | 高 |

美国大学毕业率

6年内从大学毕业的学生比率

美国大学留级率

美国大学非毕业生在下一学年重新登记入学的比率

71%	75%	72%	80%
美国大学平均毕业率	4 年制私立大学平均毕业率	美国大学平均留级率	4 年制私立大学平均留级率

美国大学
经济援助办公室
123大街
某城市 12345
（123）456-7890
financialaid@uus.edu

了解更多信息和步骤，请登录网站http://www.url.com/school/personalurl

图 7-4　消费者金融保护局创建的大学生资金援助列表

我们在"呼吁清晰度"行动中遇到的挑战，一部分在于如何想办法寻求支持，同时还能够开发出更加简洁、清晰的经济资助信模版。除此以外，我们的理念是创建一个基于该主题的信息交流中心，从而让学生和家长掌握自己能够利用的工具，告诉他们应当接触哪些关键人物。我们将和你们分享这些信息以及其他各种策略，只有我们共同联合起来，才有可能尽早阻止危机的发生。

学生贷款只是我们关注的诸多问题之一，其他问题还包括：

◎ 简化免税代码（引入更为先进的单一税制）。

◎ 继续开发简化版信用卡合同模版（同时还要向政府机构和信用卡公司施压，让他们采用新模版）。

◎ 提高网络用户协议的清晰度和透明度。

◎ 开发和促进更加简化的保险公司保单。

◎ 呼吁更加清晰的医院账单和患者出院指导。

◎ 提高租车协议和汽车贷款的清晰度。

◎ 对房屋抵押贷款进行简化并且提高透明度。

◎ 简化陪审团指示内容。

以上是亟待进行简化的一些重要议题。但总的来说，在不久的将来，复杂性危机会以更多形式对我们的日常生活产生更深影响。其中一个原因在于我们的老龄化人群，尽管所有人都追求简单，但逐渐扩大的老龄化群体在面对复杂科技和海量信息时，对清晰度的需求更加迫切。的确，为了满足我们对更高透明度以及了解更多信息的需求，越来越多的繁杂信息排山倒海地倾泻在我们面前，让我们深陷其中无力自拔。未来对信息真正透明的需求更甚于过去。因此，当我们支持企业和政府机构披露更多信息时，必须要谨记一点，如果披露出的信息冗长复杂、结构混乱、含混不清、没有相关案例支持，并且使用的语言晦涩难懂，那么再多的信息也无济于事。

同时，我们还要小心提防"虚假简化"，这是我们自己生造的一个词，主要用来形容如今市场营销领域的一种普遍现象：一些营销人员声称自己是简化主义的拥护者或践行者，但实际上他们根本就不是。如今的企业争相引入简化理念并不奇怪，因为它们开始意识到，消费者渴求简单，甚至不惜支付额外费用。这些营销者不可能傻到发现不了这一点，他们只是不愿意思考如何实现真正的简化。他们不在乎站在顾客角度思考的"同理心"，也懒得进行"精练"，并且也不知道如何提供"清晰度"。但是他们懂得，仅仅提到"简单"这个词，对于顾客来说就是一个诱饵，因此广告商和营销者在自己的营销手册中不断提到"轻松""方便""快速""简单"。不过，假如在一本宇宙飞船操作手册之类的东西上随便贴上"简单"这个标签，消费者就会感觉受到了欺骗，商业效果就会适得其反。

玩弄虚假简化手段，比保持原本的复杂性更糟糕。意大利诗人但丁把投机取巧者视作罪人，他们要永远待在地狱的边缘，遭受胡蜂和黄蜂的噬咬折磨，如果再加上一条的话，我们觉得还包括他们良心的谴责。作为简化主义的追求者，我们对那些把简化当作诱饵的投机取巧者更加鄙夷。

消费者应当主动监督这些企业，一旦察觉到企业试图误导顾客，就大声说出来。但是，企业也应当学会进行自我监督，并且在追求简化的过程中多多发声。对此，我们开始邀请一些大企业的 CEO 直接参与到有关这个话题的讨论中。同时，在这场行动中，消费者监督组织、大型基金会（比如皮尤基金、盖茨基金会和麦克阿瑟基金会等）、非营利组织以及政治领导的积极参与和支持，也起到了关键作用。此外，教育者也是这场行动的中坚力量，尤其是各大学的商学院、法学院和医学院的教授们必须着力解决这个问题，因为说到晦涩难懂的行业术语的泛滥，这些专业学院可谓问题的源头所在。

不过，在这场行动中，最重要的参与者是正在阅读这本书的你，我们需要你运用自己的想法、社交网络和激情做出改变。同时，我们正在努力为你创造更便利的条件，让你能够轻松调动诸多可用资源，在与复杂性做斗争的过程中采取积极行动。如今，有些应用软件已经能够帮你绕开那些复杂的"电话树"，从而让你节省更多时间，并且能够从真人客服那里获得实用性答案；有一些类似"简明语言中心"的组织，能够让你了解到它们针对逐渐泛滥的行业术语做出的简化努力；对于企业和政府提供的某些过分误导客户的烦琐条文，你还可以将其提交到某些监督网站；此外，你还可以诉诸那些消费者权益积极分子聚集的网站，比如 consumerist.com 或者 PissedConsumer.com，这些网站能够帮助你采取行动，打击那些对顾客说一套做一套的不诚信企业。这些相关资源其实非常丰富，只是缺乏整合归类。因此，在 www.callforclarity.com，我们把这些信息进行了归纳和整合，并且详细解释了每种资源的类型和利用方式。

最终，那些长时间接受太多复杂晦涩信息的人们必将奋起反抗，发起简化运动。关于复杂性危机，人们严重误解的一种观念是，认为那些最初把事情弄复杂的人，那些政府官员、专家和律师们，才是唯一能够带我们走出迷雾般困局的人。但我们如果真的打算向这些制造和培养复杂性的人求救的话，那可能要等上几辈子了。

是时候了，我们应该勇敢站出来去要求，或者创建和实行各项社会事务的新运作方式，比如银行贷款、纳税、社会公共服务、购物和沟通等方方面面。

◎ 我们可以改变企业经营的方式。商业精英们拥有力量和机遇，能够将简化主义运用到企业经营的方方面面，这样既能增强企业实力，也会改善顾客体验。

◎ 我们可以重新改造充斥复杂性的日常活动和事务流程。纳税、投票选举、抵押贷款等日常各项活动涉及的流程，以及其他各项公共事务都需要被重新审视，并且引入简化、精练和清晰的理念。

20 世纪 70 年代曾经盛极一时的简化运动缺乏了我们如今掌握的"秘密武器"——社交网络。科技的发展让信息传递如虎添翼，从而令消费者能够通过社交网络迅速分享自己遭遇的不公，并产生巨大的社会影响。在此基础上，你会发现互联网上有能够与你产生共鸣的大量资源，你还能够在我们的网站 www.callforclarity.com 上发现更多资源。有很多方法可以帮助你成为一名业余或者全职的简法践行者，其中包括参与大规模行动，在你的企业中引入简化理念，向你生活的社区和当地的政客推荐简化理念。你可以向各种组织施压号召简化行动，呼吁政府管理机构践行简化理念，在各项公共事务中要求提供透明度和简明语言政策，从而击垮不断蔓延的复杂性。这项行动并不容易，也不会立即见效，但是我们真心期待，最终一切都会变得简单起来。

多一些简单，少一些复杂

2012 年，由菲利普·霍华德创建的无党派政府改革联盟"公共利益"（Common Good），资助调查机构 Clarus 针对全美 1 000 名登记选民做了一项电话调查。调查发现，85% 的受访者支持简化后的政府规章制度，93% 的受访者认为美国国会和总统应当对政府项目进行彻底审查并且取消那些冗赘项目，81% 的受访者认为，"多一些简单，少一些复杂"的制度将会创造更多的就业机会。

其实大部分人对政府规章制度的内容和覆盖范围所知甚少，所以我们认为，以上受访者的态度在很大程度上反映了他们对政府官僚体系普遍缺乏耐心和信心。民众厌倦了政治家们无休止的争吵和辩论，烦透了他们援引一大堆人们看不懂的统计数据、不断提及各种晦涩难懂或用字母缩写表示的专业名词……人们被费解的数字和复杂的语句压得喘不过气来，只想"回到根本问题上去"，重新获得对各种事务的理解力和控制力。

无独有偶，公共利益联盟的调查结果与丹尼尔·阿克斯特（Daniel Akst）2012 年 12 月 9 日发表在《纽约时报》"周日书评"栏目上的一篇文章的观点有不少相似之处。文章题为《我们都曾签过那些疯狂的赔偿协议》，丹尼尔·阿克斯特在文章中指出，在日常生活的各项活动中，从体育运动到在线交易，我们被要求签订了双方权利义务显失公正的各项协议。因此，他呼吁人们要学会拒绝，而非不假思索地全盘接受。100 多名读者在网上发表了对这篇文章的评论，他们讲述了自己的亲身经历，不仅有赔偿协议，还包括其他各项法律合同，以及协议中不切实际和无法执行的条款。

公共利益联盟的调查以及阿克斯特的评论文章更加巩固了我们一直以来的观点：假如这些合同条款使用简明语言写就，就不可能造成令人费解且无法执行的效果。正是因为消费者们无法读懂很多条款的真实含义，这些条款才能肆无忌惮地持续出现在我们的日常生活中。如果消费者们能够清晰地认识到合同双方力量的不均衡以及合同效力的不切实际，他们不可能乖乖签字。相反，消费者们一定会发起抗议不公平条款的行动，向企业提出挑战，他们还会通过社交网络引起公众注意，并且拒绝购买该企业的任何产品和服务。

不少图书的出版让我们看到了希望，反抗复杂性的行动已经擂响战鼓，而且关于简化主义的理解也各有千秋。杜安·艾尔金（Duane Elgin）

1981 年所著的《自觉简化》(*Voluntary Simplicity*) 在 2010 年重印，主题是平衡生活是获得幸福的通道。事实上，当人们得知我们的工作内容时，问得最多的问题就是"我该如何简化自己的生活"。正是这样一种共同追求，驱动着我们去消灭日常生活中的喧嚣和混乱，因为处理过量信息需要花费太多的时间和精力，这会令我们身心疲惫，无力招架。

其他一些书也涉及"简单"这个话题。美国密歇根大学法学教授玛格丽特·简·雷丁 (Margaret Jane Radin) 在《样板文件：烦琐条文、消失的权利和法治》(*Boilerplate:The Fine Prints*, *Vanishing Rights*, *and the Rule of Law*) 一书中探讨了令人望而生畏的合同内容。肯·西格尔 (Ken Segall) 2012 年所著的《疯狂的简洁》(*Insanely Simple*) 一书，讲述了苹果公司将简化主义作为竞争力十足的企业特质发扬光大。

我们相信在如今的商业社会中，企业已经意识到对简化主义的追求不仅能够帮助精简生产过程，而且能集中注意力、赋予员工更多活力、增强客户关系，并且最终提高企业利润。对于员工来说，围坐在会议室的办公桌前，增添那些令人头昏脑涨的法律条款将变得无法接受。相反，对于那些敢于追求简化而非生搬硬套陈腐生硬法律条款的人，也应当给予更多的奖励和支持。

如今针对简化主义的书籍和博文层出不穷，再加上消费者们对于复杂性的强烈抵制，都反映了大众的一种普遍需求：我们必须要弄清楚自己的法律义务、投资详情、公民权利和医保险种。消费者信心源于充分的理解力，而简化能使各项复杂事务更易于理解。消费者信心增强后，消费力度也会增强，这样我们的经济和社会都能从中受益。

如今我们正经历着一场轰轰烈烈的简化主义社会风潮，相信《简法》这本书出版后，会有更多的消费者站出来大声倡导简化主义，并且有更多的关于简化主义的新书问世，而企业也会传递更多深具同理心的反馈。

01 复杂性危机，我们为何把事情弄得一团糟

1. "Beware of Bogus Phone Bill Fees," *Consumer Reports*, August 2012.

2. Dawn Fallik, "$5 Million Jury Award in Death of Year-Old Boy," *Philadelphia Inquirer*, July 25, 2006.

3. Susan H. Corey, Jeffrey Smith, and Daniel J. Sheehan, "Physician Signatures," *Southern Medical Journal*, August 2008.

4. Leander Kahney, "John Sculley on Steve Jobs: The Full Interview," *Cult of Mac*, October 14, 2010.

5. *People* magazine, May 22, 1978.

6. David Segal, "It's Complicated: Making Sense of Complexity," *New York Times*, May 2, 2010.

7. Paul Johnson, "In Business, Simplicity Is Golden," Forbes.com, March 16, 2009, www. forbes.com/forbes/2009/0316/017_current_events.html.

8. From our interview with Daniel Schwarcz, June 9, 2011.

9. Segal, "It's Complicated."

10. David Kocieniewski, "I.R.S. Ombudsman Calls for a Broad Overhaul of Tax Regulations," *New York Times*, January 5, 2011.

11. *Newsmakers*, C-SPAN, January 10, 2010.

12. Adam Liptak, "Justices Long on Words but Short on Guidance," *New York Times*, November 18, 2010.

13. David Leonhardt, "Buyer, Be Aware: What We Don't Understand as Consumers Could Really Hurt Us," *New York Times Magazine*, August 15, 2010.

14. Kenneth Chang, "A Challenge to Make Science Crystal Clear," *New York Times*, March 5, 2012.

02 突破性简化，一种全新的思考方式

1. The story of online banking start-up Simple is based on our interviews with founder Josh Reich, August 2011.

2. Kristian Andersen, "Designing a New Bank Experience," *KA+A*, June 24, 2011.

3. Heather Landy, "Customer to Banks: Simple Sells," *American Banker*, March 16, 2011.

4. Gregory M. Lamb, "A Fast Rate of Return," *Christian Science Monitor*, May 15, 2006.

5. Bruce Horovitz, "Marketers Such as Starbucks Discover That Simple Sells," *USA Today*, October 2, 2009.

6. Joe Brancatelli, "Southwest Airlines' Seven Secrets for Success," Portfolio.com, July 8, 2008.

7. From a study in *Yankelovich Monitor Minute*, February 2005.

8. Kevin Ransom, "Reign of the Plain: Survey Finds Gen Ys Prefer Brand Simple," MediaPost.com, April 20, 2007.

9. Survey conducted in July 2010, published at HarrisInteractive.com, September 24, 2010.

10. More on this can be found in Lew McCreary, "Kaiser Permanente's Innovation on the Front Lines," *Harvard Business Review*, September 2010.

11. From Siegel+Gale survey of 1,214 Americans conducted between December 29, 2008, and January 5, 2009, and released on January 14, 2009.

12. Joe Davidson, "Time for a Plain-Language Revolution," *Washington Post*, October 30, 2009.

13. The survey is explained in Aliya Sternstein, "Americans Give Low Marks to Obama Transparency Effort at Agencies," NextGov. com, October 20, 2010.

03 同理心，所有的企业都是体验型企业

1. Our section on Cleveland Clinic is based on on-site visits to the clinic and interviews conducted there with, among others, Dr. James Merlino, the chief experience officer, November 9, 2011.

2. Steve Szilagyi, "The Patient Experience," *Cleveland Clinic Magazine*, Winter 2011.

3. "Customer Rage: It's Not Always About the Money," *Knowledge@W.P. Carey* (blog), November 23, 2005, quoting the annual "customer rage" study by Customer Care Alliance.

4. From, among other reports, Lora Kolodny, "Study: 82% of U.S. Consumers Bail on Brands after Bad Customer Service," *TechCrunch*, October 13, 2010.

5. From our interviews with Oppenheimer, August 19, 2011.

6. E. B. Boyd, "For Brands, Being Human Is the New Black," Fast-

207

Company.com, August 29, 2011.

7. Based on our interviews with ING Direct CEO Arkadi Kuhlmann.

8. Ann Carrns, "Capital One's Response to Outrage over ING Direct Purchase," *New York Times*, June 22, 2011.

9. The story of IDEO's hospital ceiling redesign is recounted in Paul Bennett, "Listening Lessons: Make Consumers Part of the Design Process by Tuning In," *Advertising Age Point*, March 2006.

10. Gregory R. Istre et al., "Increasing the Use of Child Restraints in Motor Vehicles in a Hispanic Neighborhood," *American Journal of Public Health*, July 2002.

11. From B. L. Ochman, "Don't Call Us! 47 of the Fortune 50 Have No Phone Number on Their Home Page," *What's Next?* (blog), June 25, 2011.

12. Jamie Lywood, Merlin Stone, and Yuksel Ekinci, "Customer Experience and Profitability: An Application of the Empathy Rating Index (ERIC) in UK Call Centres," *Journal of Database Marketing and Customer Strategy Management* 16, no. 3 (2009): 207-214.

04 精练，优秀的设计需要必要的舍弃

1. The Google profile is based on our interviews with Marissa Mayer, the company's former director of consumer web products (who has since moved to Yahoo!). This section also refers to our 2011 Global Brand Simplicity Index, which ranked Google number one in delivering a simple experience.

2. Excerpted from "'Focusing is about saying no'— Steve Jobs (WWDC'97)," YouTube video, 3:06, from Steve Jobs's closing keynote at Apple's World Wide Developer Conference in 1997, posted by Davide "Folletto" Casali on June 26, 2011, http://youtube/H8eP99neOVs.

3. Maeda's quote appeared in Nicole La Porte, "In the School of Innovation, Less Is Often More," *New York Times*, November 6, 2011.

4. James Sherwood, "Most 'Malfunctioning' Gadgets Work Just Fine, Report Claims," June 3, 2008, www. reghardware.com.

5. Taken from our interviews with van Kuijk.

6. The Flip Video story draws on a number of sources, including Warren Berger's interviews with Smart Design's Richard Whitehall for this book; the guest post written by Smart Design's Nasahn Sheppard in *Pogue's Posts*, David Pogue's technology blog in the *New York Times*, July 7, 2011; Pogue's *New York Times* column titled "Camcorder Brings Zen to the Shoot," March 20, 2008; and Patrick Mannion, "Under the Hood: Flip Ultra Camcorder an Ode to Clean Design," *EE Times*, February 18, 2008.

7. Gareth Kay, "Reducing Friction," April, 18, 2011, http://garethkay. typepad.com, citing a quote from Jack Dorsey in an article from MIT's *Technology Review*.

8. From our interviews with Hein Mevissen and Diederiekje Bok.

9. From our interviews with Arlene Harris.

10. From our interview with Peter Sealey of the Sausalito Group marketing consultancy.

11. Beth Kowitt, "Inside Trader Joe's," *Fortune*, September 6, 2010.

12. Martin Lindstrom, "A Store with Only 3 Products and Other Cases for Simplicity," FastCompany. com, August 29, 2011.

13. Carmen Nobel, "A New Model for Business: The Museum," Harvard Business School's *Working Knowledge* newsletter, August 15, 2011.

14. David Pogue, "More Grumbling at Facebook," *New York Times*, October 20, 2011.

15. Chris Taylor, "Facebook Is Getting Too Damn Complicated,"

Mashable, September 30, 2011.

16. Pogue, "More Grumbling at Facebook."

17. The Pandora analysis draws from a number of sources, including Rob Walker, "The Song Decoders," *New York Times Magazine*, October 18, 2009, as well as an interview with Westergren that appeared on the website of Greylock Partners titled "The Entrepreneur Questionnaire: Tim Westergren," July 28, 2011, greylockvc.com.

05 明晰，找到独一无二的表达风格

1. Deborah Adler's story is drawn primarily from Warren Berger's interviews with her for this book.

2. Michelle Andrews, "New Ideas to Help People Take Medications Correctly," *Los Angeles Times*, March 21, 2011.

3. Deborah Franklin, "And Now, a Warning About Labels," *New York Times*, October 25, 2005.

4. Gina Kolata, "Side Effects? These Drugs Have a Few," *New York Times*, June 5, 2011.

5. Irene Etzkorn, "When Life Depends on Clear Instructions," Siegel+Gale, citing study conducted by Uniformed Services University of the Health Sciences in Maryland, 2003.

6. William Langewiesche, "The Devil at 37,000 Feet," *Vanity Fair*, January 2009.

7. From Warren Berger's interview with Tufts University's Neil Cohn.

8. Cheyenne Hopkins, "Banks' Litigation Fears Clash with CFPB Goal of Simpler Card Disclosures," *American Banker*, October 7, 2010.

9. Steven Leckart, "Blood Simple," *Wired*, December 2010.

10. From our interview with Adrian Westaway, September 8, 2011.

11. From our interview with Dr. David Stachon, July 2011, CMO, ERGO.

12. From our interview with Rob Wallace, June 6, 2006.

13. From Warren Berger's interview with Lee Clow.

14. From our interview with Amanda Bach, June 6, 2006.

15. From Warren Berger's interview with Colin Ware.

16. Natasha Singer, "When the Data Struts Its Stuff," *New York Times*, April 2, 2011.

17. Bob Greenberg, "Seeing Is Believing," *Adweek*, October 25, 2010.

18. Jerome R. Joffman et al., "The Roulette Wheel: An Aid to Informed Decision Making," *PLOS Medicine*, June 2006.

19. The story behind this was reported in Elisabeth Bumiller, "We Have Met the Enemy and He Is PowerPoint," *New York Times*, April 26, 2010.

20. Elizabeth Warren, interview with David Brancaccio, *NOW*, PBS, week of January 2, 2009.

21. An excellent recounting of the history of this term can be found in David Keene, "Gobbledygook's Persistence," *The Hill*, February 23, 2009.

22. Arthur Levitt, "A Word to Wall Street: 'Plain English,' Please," *Wall Street Journal*, April 2, 2011.

23. From "A Clarion Call for Transparency," survey by Siegel+Gale, February 2009.

24. Diana Middleton, "Students Struggle for Words," *Wall Street Journal*, March 3, 2011.

25. Claude Singer, "More Horror from Lionsgate Entertainment Corp.," *Brandsinger*, September 3, 2011.

26. Buffett wrote this in the introduction to the 1998 *SEC Plain English Handbook*. It is cited in Joanne Locke, "A History of Plain Language in the United States Government," www. PlainLanguage.gov.

27. Gadi Dechter, "ANALYSIS: Information Overload," *Government Executive*, October 2011.

28. Lucy Kellaway, "Words to Describe the Glory of Apple," FinancialTimes.com, September 19, 2010.

29. Daniel M. Oppenheimer, "Consequences of Erudite Vernacular Utilized Irrespective of Necessity: Problems with Using Long Words Needlessly," *Applied Cognitive Psychology* 20 (2006).

06 "自上而下"与"自下而上"，复杂组织的简化

1. This is based on our visit to "The Simplicity Event," hosted by Philips in New York in 2006, as well as our interviews with the company's CMO, Andrea Ragnetti.

2. "Capitalizing on Complexity," IBM study, 2010.

3. Sian Harrington, "$1.2 Billion Each: The Hidden Cost of People Complexity to the Top 200," HR, September 6, 2011.

4. From an interview with Jobs in *BusinessWeek*, October 12, 1994.

5. Jessica E. Vascellaro, "Tim Cook on Hardware, Apple's Structure and Being 'Simpletons,'" *Digits* (blog), *Wall Street Journal*, February 16, 2012.

6. Adam Bryant, "Early Access as a Fast Track to Learning" (includes interview of David Barger, president of JetBlue), *New York Times*, September 25, 2011.

7. Lee discussed the creation of the OXO measuring cup in his speech at the GEL Conference in New York, April 2008; the speech can be seen at http:// vimeo.com/3200945.

8. From "68 Rules? No, Just 3 Are Enough," *Corner Office* interview by Adam Bryant, *New York Times*, November 21, 2009.

9. Lucy Kellaway, "Business English: I've Found the Worst Employee Handbook Ever," *Financial Times*, August 27, 2007.

10. "The CEO, Now Appearing on YouTube," *Corner Office* interview by Adam Bryant, *New York Times*, May 9, 2009.

11. Christa Avampato, "An Interview with Alex Lee, CEO of OXO," *New York Business Strategies Examiner*, March 15, 2009.

12. Steven Johnson, "Invisible City," *Wired*, November 2010.

13. Lisa Fickenscher, "Now, Opening a Restaurant Is as Easy as NBAT," *Crains New York*, January 3, 2012.

14. Steven Johnson, "What a Hundred Million Calls to 311 Reveal About New York," *Wired*, November 10, 2010, http://www. wired.com/ magazine/2010/11/ff_31 1_new_york/all/.

07 简法践行者，利用社交网络的力量

1. From *ABC News* report on protests of bank fees, reported by Susanna Kim and Matt Gutman, November 1, 2011.

2. Stuart Pfeifer and E. Scott Reckard, "One Facebook Post Becomes National Movement to Abandon Big Banks," *Los Angeles Times*, November 4, 2011.

3. From *NBC News* report on student loans, broadcast May 17, 2011.

4. From Siegel + Gale's Financial Award Letter Survey, conducted June 2008.

未来，属于终身学习者

我这辈子遇到的聪明人（来自各行各业的聪明人）没有不每天阅读的——没有，一个都没有。巴菲特读书之多，我读书之多，可能会让你感到吃惊。孩子们都笑话我。他们觉得我是一本长了两条腿的书。

——查理·芒格

互联网改变了信息连接的方式；指数型技术在迅速颠覆着现有的商业世界；人工智能已经开始抢占人类的工作岗位……

未来，到底需要什么样的人才？

改变命运唯一的策略是你要变成终身学习者。未来世界将不再需要单一的技能型人才，而是需要具备完善的知识结构、极强逻辑思考力和高感知力的复合型人才。优秀的人往往通过阅读建立足够强大的抽象思维能力，获得异于众人的思考和整合能力。未来，将属于终身学习者！而阅读必定和终身学习形影不离。

很多人读书，追求的是干货，寻求的是立刻行之有效的解决方案。其实这是一种留在舒适区的阅读方法。在这个充满不确定性的年代，答案不会简单地出现在书里，因为生活根本就没有标准确切的答案，你也不能期望过去的经验能解决未来的问题。

湛庐阅读APP：与最聪明的人共同进化

有人常常把成本支出的焦点放在书价上，把读完一本书当做阅读的终结。其实不然。

时间是读者付出的最大阅读成本
怎么读是读者面临的最大阅读障碍
"读书破万卷"不仅仅在"万"，更重要的是在"破"！

现在，我们构建了全新的"湛庐阅读"APP。它将成为你"破万卷"的新居所。在这里：

● 不用考虑读什么，你可以便捷找到纸书、有声书和各种声音产品；
● 你可以学会怎么读，你将发现集泛读、通读、精读于一体的阅读解决方案；
● 你会与作者、译者、专家、推荐人和阅读教练相遇，他们是优质思想的发源地；
● 你会与优秀的读者和终身学习者为伍，他们对阅读和学习有着持久的热情和源源不绝的内驱力。

从单一到复合，从知道到精通，从理解到创造，湛庐希望建立一个"与最聪明的人共同进化"的社区，成为人类先进思想交汇的聚集地，共同迎接未来。

与此同时，我们希望能够重新定义你的学习场景，让你随时随地收获有内容、有价值的思想，通过阅读实现终身学习。这是我们的使命和价值。

湛庐阅读APP玩转指南

湛庐阅读APP结构图:

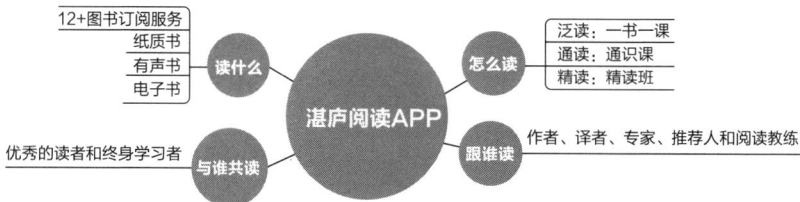

12+图书订阅服务
纸质书
有声书
电子书

读什么

湛庐阅读APP

怎么读
泛读:一书一课
通读:通识课
精读:精读班

优秀的读者和终身学习者 **与谁共读**

跟谁读 作者、译者、专家、推荐人和阅读教练

三步玩转湛庐阅读APP:

读一读 ▾

湛庐纸书一站买,
全年好书打包订

书城

听一听 ▾

泛读、通读、精读,
选取适合你的阅读方式

通识课

扫一扫 ▾

买书、听书、讲书、
拆书服务,一键获取

扫一扫

APP获取方式:
安卓用户前往各大应用市场、苹果用户前往APP Store
直接下载"湛庐阅读"APP,与最聪明的人共同进化!

使用APP扫一扫功能，
遇见书里书外更大的世界！

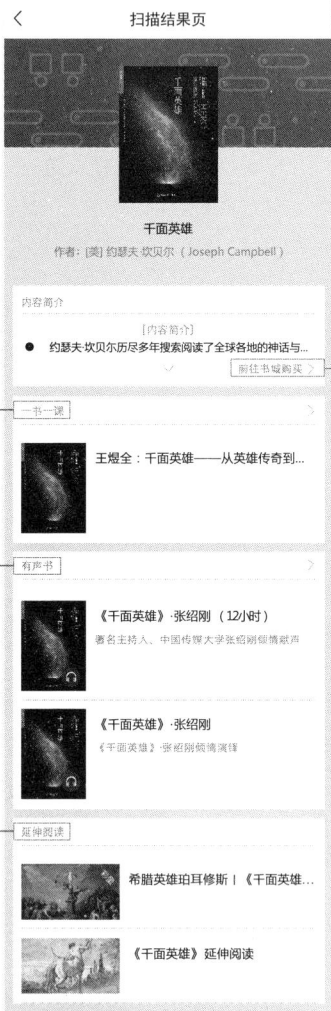

‹　扫描结果页

千面英雄

作者：[美] 约瑟夫·坎贝尔（Joseph Campbell）

内容简介

[内容简介]
● 约瑟夫·坎贝尔历尽多年搜索阅读了全球各地的神话与...

前往书城购买 ›

快速了解本书内容，
湛庐千册图书一键购买！

一书一课 ›

王煜全：千面英雄——从英雄传奇到...

大咖优质课、
献声朗读全本一键了解，
为你读书、讲书、拆书！

有声书 ›

《千面英雄》·张绍刚（12小时）
著名主持人、中国传媒大学张绍刚倾情献声

《千面英雄》·张绍刚
《千面英雄》·张绍刚频情演绎

你想知道的彩蛋
和本书更多知识、资讯，
尽在延伸阅读！

延伸阅读

希腊英雄珀耳修斯 I《千面英雄...

《千面英雄》延伸阅读

延 伸 阅 读

《精要主义》

◎ "21世纪的史蒂芬·柯维"麦吉沃恩诚意之作。在这个过度互联、选择呈指数级增长的时代，高效能人士已难以应对，当下最重要的，是成为一名精要主义者。

◎ 著名主持人张绍刚、金立手机副总裁俞雷、猎聘网创始人戴科彬、《非你莫属》制片人刘爽、股神沃伦·巴菲特、硅谷创投教父彼得·蒂尔、Twitter创始人杰克·多西、《驱动力》作者丹尼尔·平克、LinkedIn创始人里德·霍夫曼、《赫芬顿邮报》联合创始人阿里安娜·赫芬顿、IDEO公司CEO蒂姆·布朗、沃顿商学院教授亚当·格兰特等联袂推荐。

使用"湛庐阅读"APP，
"扫一扫"获取本书更多精彩内容
ISBN 978-7-213-07229-1
9 787213 072291 >

《全新思维》

◎ 作者丹尼尔·平克以前瞻性的探索和思考引领我们走在了时代的最前沿，他是21世纪商业思潮的拓荒者，是21世纪管理本质的引路人，他提出的6大全新思维能力，正是带领我们走上未来之路的关键所在。

◎ 著名管理学大师汤姆·彼得斯、美国脱口秀女王奥普拉·温弗瑞、葵杜YBC中国青年创业国际计划创业学院院长、畅销书《世界是平的》作者托马斯·弗里德曼、《快公司》创始人艾伦·韦伯、《新周刊》《哈佛商业评论》《迈阿密先驱报》重磅推荐。

使用"湛庐阅读"APP，
"扫一扫"获取本书更多精彩内容
ISBN 978-7-213-05410-5
9 787213 054105 >

《意会时刻》

◎ 大家普遍认为，消费者都是理性的决策者，可以依据个人偏好，做出最佳判断。企业只要透过问卷调查、焦点团体，问对问题，分析对资料，就能了解消费者真正的行为。真是这样吗？

◎ 三星卖的是电视还是精品家具，乐高迷爱的是积木还是与朋友的合作经验？《意会时刻》带你跳脱大数据分析，用人文科学搞懂消费者，解决最棘手的商业问题。

使用"湛庐阅读"APP，
"扫一扫"获取本书更多精彩内容
ISBN 978-7-220-10704-7
9 787220 107047 >

《高价值创造者的5个思维习惯》

◎ 真正的创造者不是模式的创造者，而是价值的创造者。5个思维习惯，让你成为高价值创造者。全球领先的专业咨询机构普华永道，追踪120位白手起家的亿万富翁，历时两年深入调研，揭开令人意想不到的创新与创业的真相。

◎ Inc.杂志、Business Insider网站评选的年度商业畅销书，哈佛商学院、沃顿商学院推荐企业和职场人士必读。

使用"湛庐阅读"APP，
"扫一扫"获取本书更多精彩内容
ISBN 978-7-213-08076-0
9 787213 080760 >

图书在版编目（CIP）数据

简法 /（美）艾伦·西格尔，艾琳·埃茨科恩
著；孙莹莹译 . — 杭州：浙江人民出版社，2018.5

书名原文：Simple: conquering the crisis of
complexity.

ISBN 978-7-213-08731-8

Ⅰ . ①简 …　Ⅱ . ①艾 …　②艾 …　③孙 …　Ⅲ . ①企业管理 – 研究
Ⅳ . ① F272

中国版本图书馆 CIP 数据核字（2018）第 071081 号

浙江省版权局
著作权合同登记章
图字:11-2018-236 号

上架指导：企业管理 / 创新

简法

［美］艾伦·西格尔　艾琳·埃茨科恩　著
孙莹莹　译

出版发行：浙江人民出版社（杭州体育场路 347 号　邮编　310006）
市场部电话:（0571）85061682　85176516

集团网址:浙江出版联合集团　http://www.zjcb.com

责任编辑:郦鸣枫　傅　越

责任校对:杨　帆　朱志萍

印　　刷:河北鹏润印刷有限公司

开　　本:880 mm×1230 mm　1/32　　**印　　张:**7.125

字　　数:143 千字　　　　　　　　　**插　　页:**2

版　　次:2018 年 5 月第 1 版　　　　**印　　次:**2018 年 5 月第 1 次印刷

书　　号:ISBN 978-7-213-08731-8

定　　价:69.90 元

如发现印装质量问题，影响阅读，请与市场部联系调换。